Tucholsky Wagner Zola Scott Sydow Fonatne Freud Schlegel
Turgenev Wallace
Twain Walther von der Vogelweide Fouqué Friedrich II. von Preußen
Weber Freiligrath
Frey Kant Ernst
Fechner Fichte Weiße Rose von Fallersleben Richthofen Frommel
Hölderlin
Fehrs Engels Fielding Eichendorff Tacitus Dumas
Faber Flaubert
Maximilian I. von Habsburg Eliasberg Ebner Eschenbach
Feuerbach Fock Zweig
Ewald Eliot Vergil
Goethe London
Elisabeth von Österreich
Mendelssohn Balzac Shakespeare Dostojewski Ganghofer
Lichtenberg Rathenau
Trackl Stevenson Doyle Gjellerup
Hambruch
Mommsen Tolstoi Lenz
Thoma Hanrieder Droste-Hülshoff
von Arnim
Dach Verne Hägele Hauff Humboldt
Reuter
Karrillon Rousseau Hagen Hauptmann
Garschin Gautier
Defoe Baudelaire
Damaschke Hebbel
Descartes
Hegel Kussmaul Herder
Wolfram von Eschenbach Schopenhauer
Dickens
Darwin Rilke George
Grimm Jerome
Bronner Melville
Bebel
Campe Horváth Aristoteles Proust
Voltaire Federer
Bismarck Vigny Barlach Herodot
Gengenbach Heine
Storm Casanova Tersteegen Grillparzer Georgy
Lessing Gilm
Chamberlain Langbein Gryphius
Brentano Lafontaine
Claudius Schiller Kralik Iffland Sokrates
Strachwitz Schilling
Bellamy
Katharina II. von Rußland Raabe
Gerstäcker Gibbon Tschechow
Löns Hesse Hoffmann Gogol Wilde Vulpius
Gleim
Luther Heym Hofmannsthal Morgenstern
Klee Goedicke
Roth Heyse Klopstock
Luxemburg Pusc
La Roche
Machiavelli
Kier
Navarra Aurel Musset
Lamprecht
Nestroy Marie de France
La
Nietzsche Nansen
Marx
Lassalle Gorki Klett Leibniz
von Ossietzky
May
vom Stein Lawrence Irving
Petalozzi
Platon Knigge
Pückler Michelangelo Kafka
Sachs Poe Kock
Liebermann
Korolenko
de Sade Praetorius Mistral Zetkin

tredition® PROJEKT GUTENBERG-DE

tredition und das Projekt Gutenberg-DE

Mehr als 5.500 Romane, Erzählungen, Novellen, Dramen, Gedichte und Sachbücher in deutscher Sprache von über 1.200 Autoren – das Projekt Gutenberg-DE ermöglicht den Zugang zu klassischer Literatur aus zweieinhalb Jahrtausenden in digitaler Form. Der Großteil der Titel ist seit Jahren vergriffen und nicht mehr im Buchhandel oder Antiquariaten erhältlich.

tredition hat sich die Aufgabe gestellt, die Buchtitel des Projekt Gutenberg-DE wieder als gedruckte Bücher zu günstigen Ladenpreisen zu verlegen. Mehr als 2.000 Titel sind bereits wieder erschienen und überall im Buchhandel erhältlich. Die Stärke von tredition nutzen auch viele Autoren, die selbständig ein Buch veröffentlichen möchten. Mehr dazu unter **www.tredition.de.**

Eine Übersicht aller verfügbaren Titel senden wir gern auf Anfrage zu (www.tredition.de/kontakt) oder stöbern Sie online unter **http://www.tredition.de/projekt-gutenberg.**

Das Kampaner Tal

des Katechismus

Jean Paul Richter

Impressum

Autor: Jean Paul Richter
Umschlagkonzept: Buchgut, Berlin

Verlag: tredition GmbH, Mittelweg 177, 20148 Hamburg
ISBN: 978-3-8424-0794-7
Printed in Germany

http://www.tredition.de/projekt-gutenberg
http://projekt.gutenberg.de

Dieses Buch entstand durch eine Kooperation von tredition und Projekt Gutenberg-DE.

Ziel der Kooperation von tredition und dem Projekt Gutenberg-DE ist es, deutschsprachige Literatur wieder in Buchform verfügbar zu machen. Die Wiederveröffentlichung einer bestimmten historischen Ausgabe kann nicht gewährleistet werden. Da die Werke des Projekt Gutenberg-DE eingescannt und digitalisiert werden, können etwaige Fehler nicht komplett ausgeschlossen werden. Das Projekt Gutenberg-DE tut jedoch sein Bestes, um die Werke bestmöglich zu bearbeiten. Sollten Sie trotzdem einen Fehler finden, bitten wir diesen zu entschuldigen. Die Rechtschreibung der Originalausgabe wurde unverändert übernommen. Daher können sich hinsichtlich der Schreibweise Widersprüche zu der heutigen Rechtschreibung ergeben.

Text der Originalausgabe

Jean Paul

Das Kampaner Tal

oder über die
Unsterblichkeit der Seele
nebst einer
Erklärung der Holzschnitte
unter den 10 Geboten
des Katechismus

(1797)

Vorbericht

Der Mensch besteht aus zwei Teilen, aus Spaß und Ernst, - und seine Glückseligkeit besteht daher aus höhern und aus niedern Freuden. Er gleicht dem *zweiköpfigen* Adler der Fabel, der mit dem einen niedergebückten Kopfe verzehrt, indes er mit dem andern umherblickt und wacht.

Daher muß ein guter Autor wie ein Brite für dieses nicht sowohl wider- als doppelsinnige Geschöpf, das in einem Simultaneum zweier Welten lebt, zwei Naturen annehmen, die göttliche und die menschliche. Ein Autor kann es desto leichter, da er selber ein Mensch ist und unter seine Leser gehört.

Das ist die Ursache, warum gegenwärtiges Buch, wie seine ganze ältere Brüderschaft, eine binomische Wurzel oder vielmehr eine Zwitterblüte, nämlich folgende zwei unähnliche Redeteile hat.

I. Das Kampaner Tal oder das Gespräch darin über unsere Unsterblichkeit. In unsern Tagen, worin man die körperlichen Flügelscheiden für die geistigen Flügel hält, wie bei den Bienen die Scheide für den Stachel, muß man dem Menschen immer die Schwungfedern seiner Natur und den hängenden Garten zeigen, in den sie ihn heben. Die kritische Philosophie beweiset jeden Morgen und jede Messe, daß wir unsterblich sind wie sie selber; aber nicht jeder steht nahe genug an ihrem Katheder, ihre leisen Beweise zu vernehmen. Ich hoffe, sie wirft den meinigen nichts vor als den Unterschied der Einkleidung. Aber die Dichtkunst ist der elektrische Kondensator der Philosophie, jene verdichtet erst das elektrische Spinngewebe und die Beatifikation der letztern zu Blitzen, die erschüttern und heilen. Der Mensch geht nicht allmählich von einer Überzeugung zur entgegengesetzten - vom Hasse zur Liebe - von der Liebe zum Hasse - vom Laster zur Tugend über, sondern mit einem Sprung: bloß ein Wetterstrahl kehret seine magnetischen Pole um.

Im Gespräche über die Unsterblichkeit fehlen oft die wichtigsten Beweise, die schon in meinen vorigen Werken stehen. Auch hätt' es nicht bloß schöpfen, sondern erschöpfen sollen; und das Gespräch hat nach meinem eignen Gefühle den Vorwurf nicht genug vermieden, daß es in diesem Zustande mehr ein - Gespräch sei als ein ordentlicher vollständiger Traktat mit dem gehörigen gelehrten Zeugenverhör und mit den nötigen Beweisen durch Okularinspektion, durch Haupteide, durch briefliche Urkunden und durch halbe, $^1/_4$, $^1/_8$, $^1/_{16}$ etc. Beweise. -

II. Den ganzen zweiten Flügel dieses Gebäudes hab' ich mit einem Holzschnitte-Kabinette eingenommen, das ich nun dem Publikum die ganze Woche öffne. Bekanntlich besitzen die Fürstentümer Baireuth und Ansbach einen kleinen lutherischen Katechismus, worin die 10 Gebote stehen und der mitten in jedem Gebote den Tafelaufsatz oder das Schaugericht eines guten Holzschnittes aufträgt. Diese Holzschnitte sind noch dem Kunstpublikum wenig bekannt; in den Künstlerlexicis, die mir noch vorgekommen, find' ich weder des Meisters noch seiner Werke gedacht. Das Nachspiel dieses Buchs soll versuchen, der Welt nicht nur einen vollständigen Kommentar über die 10 Holzschnitte zu geben, sondern auch die 10 Schnitte selber. Anfangs wollt' ichs anders machen, und es sollte - um nicht das Werk durch den neuen Abdruck der 10 Stöcke zu verteuern - mit jedem Exemplar zugleich der kleine Katechismus Lutheri selber, der fast nichts kostet, von der Verlagshandlung ausgegeben werden, wie mit Lichtenbergs Kommentar die Platten von Hogarth. Aber meine Freunde stellten mir vor, die Weltleute würden sich an den Katechismus stoßen und lieber Holzschnitte und Kommentare entraten, als sich mit jenem befangen. Daher ließ ich den kostspieligen Abdruck der alten Stempel zu; und in der Tat, warum darf sich Deutschland nicht auch mit seinem Geldbeutel endlich an Galabücher voll Holzschnitte wagen, so gut wie England an seine Gallery of Fashion und an andere Parade-Bücher, worin es jetzt so viel wie in Bestechungen vertut? Ich hoffe, die deutsche Nation lässet ein solches Werk wie meines bloß des höhern Preises wegen - steig' solcher auch zu 1 Kaisergroschen, der in Ld'or à 5 Tlr. etwan $9^3/_5$ Pf. tut - schwerlich sitzen: sie feuert mit einer solchen Kleinigkeit gern ihre guten Köpfe an. Überhaupt warum soll der Deutsche gleich einem Areopagiten oder gleich einem Athleten[1] keine Schönheit ansehen? Warum soll Deutschland nicht wie Abdera, wie Pius VI. und ein Philipp von Frankreich den Beinamen des Schönen erringen? - Kann der Deutsche nicht dem Juden gleichkommen, der sich nach dem Gesetze, wenn er am Schabbes[2] an einem *bekannten Inkognito*-Orte sitzet, schöne Gemälde, schöne Häuser und Sachen denken soll? -

Allerdings räumt der Verfasser dieses Buchs willig ein - er sah aber den Fehler zu spät -, daß er zuweilen die Schönheiten der 10 Katechismus-Holzschnitte größer gefunden und gemacht, als sie wohl sein mögen. Allein in diesem Falle ist wohl jeder Sterbliche, der lange einen und denselben Meister studiert: das manierierte Kunstwerk gebiert endlich ein manieriertes Kunstgefühl.

Übrigens nehm' es der Kunstrichter mit den komischen Arabesken und Moresken des Kommentars weniger in einem Zeitalter genau, worin auf dem einen Ufer so viele Menschen bluten und auf dem andern so viele weinen und worin wir also mehr als sonst nicht nur unsere Hoffnungen (durch den Glauben der Unvergänglichkeit), sondern auch unsern Frohsinn (durch Zerstreuungen) zu retten haben.

Der Erdenkloß, woraus wir gebildet sind und den sie nach dem Erblassen unter das Kinn statt einer jetzigen häßlichen Kropf-Krawatte legen, hat nicht nur Kraft genug, den Baum des künftigen

---

1 Basilii Homol. 52.

2 Die Wochenschrift: der Jude. 1. B.

Lebens zu tragen und zu treiben: sondern seine Ausdünstung stärkt schon im jetzigen den Hektiker hinter dem Pfluge und den Nervenschwächling im Erdbad.

Hof im Voigtland, den 2. April 1797.

Jean Paul Fr. Richter

Das Kampaner Tal

Ich schlug häufig in der Destillation über den Helm das Phlegma der Erdkugel nieder, die Polarwüsten, die Eismeere, die russischen Wälder, die Eisberge und Hundsgrotten, und extrahierte mir dann eine schöne Nebenerde, ein Nebenplanetchen, aus dem Überrest: man kann eine sehr hübsche, aber kleine zusammengeschmolzene Erde zusammenbringen, wenn man die Reize der alten exzerpiert und ordnet. Man nehme zu den Höhlen seiner Miniatur- und Dito-Erde die von Antiparos und von Baumann - zu den Ebenen die Rheingegenden - zu den Bergen den Hybla und Tabor und Montblanc - zu den Inseln die Freundschaftsinseln, die seligen und die Pappelinsel - zu den Forsten Wentworths Park, Daphnens Hain und einige Eckstämme aus dem paphischen - zu einem guten Tal das Seifersdorfer und das *Kampaner*: so besitzt man neben dieser wüsten schmutzigen Welt die schönste Bei- und Nachwelt, ein Dessertservice von Belang, einen Vorhimmel zwischen Vorhöllen. - -

Ich habe absichtlich das Kampaner Tal mit in meinen Extrakt und Absud geworfen, weil ich keines weiß, worin ich lieber aufwachen oder sterben oder lieben möchte als eben darin: ich ließe das Tal, wenn ich zu sprechen hätte, nicht einmal mit den Tempe- und Rosentälern und Olympen verschütten, höchstens mit Utopien. Den Lesern ist das Tal schon hinlänglich aus ihren geographischen Schulstunden und aus den Reisen Arthur Youngs bekannt, ders fast noch stärker lobt als ich.[3]

Daher stieg - das muß ich annehmen - im Juli 1796 die Glücksgöttin von ihrer Kugel auf unsere und füllte meine Hand - statt mit ihren Kunkellehnen und Mußteilen und Goldnen Kälbern und Vliesen - mit weiter nichts als mit ihrer eignen und führte mich daran - daraus erkannt' ich die Göttin - ins Kampaner Tal.... Wahrlich ein Mensch braucht nur hineinzugehen, so hat er (wie ich), mehr, als der Teufel Christo und Ludwig XIV. *bot* und den Päpsten *gab.*

Die Probe eines Genusses ist seine Erinnerung - nur die Paradiese der Phantasie werden willig Phantasie und werden nie *verloren,*

---

[3] B. I S. 76 in der deutschen Übersetzung. Übrigens brauch' ichs niemand zu sagen, daß das Tal selber im Departement der obern Pyrenäen liegt.

sondern stets *erobert* – nur die Dichtkunst söhnet die Vergangenheit mit der Zukunft aus und ist die Leier Orpheus', die diesen zwei zermalmenden Felsen zu stocken befiehlt.[4]

Wie bekannt, macht' ich mit Herrn Karlson – denn dem ästhetischen Publikum ist wahrlich an wirklichen Geschlechtsnamen wenig gelegen, da es als literarisches Zent- und Fraisgericht wahre Namen stets auf den Fuß erdichteter behandelt, aber den existierenden Charakteren selber, wenigstens denen von Gewicht, kann daran liegen, nicht durch Lesezimmer und kritische Gerichtsstuben wund geschleift zu werden – bekanntlich, sag' ich, macht' ich anno 96 mit meinem Freund Karlson (er ist Titular-Rittmeister in *** Diensten) eine Flugreise durch Frankreich. Fast von Meilenstein zu Meilenstein fertigte ich an meinen Freund Viktor die besten epistolarischen Stundenzettel ab. Als ich ihm das nachfolgende Tal-Stück zugesendet hatte, setzte er mir so lange zu, bis ich ihm versprach, diesen illuminierten Nachstich der Natur auch der Drucker- und Buchbinderpresse zu gönnen, nicht bloß der Briefpresse allein. Das tu' ich denn. Ich weiß schon, mein lieber Viktor sieht, daß in unsern Tagen den armen Menschen-Raupen kein grüner Zweig zur Spinnhütte mehr gelassen wird, und daß uns feindliche Täucher das in das Totenmeer fallende Ankertau zerschneiden wollen: daher macht er aus dem Gespräche über die Unsterblichkeit mehr als aus dem gezeichneten Tale, in dem mans hielt; das seh' ich daraus, weil er mich das Widerspiel des Claude Lorraine nennt, der nur die Landschaften selber machte, die Menschen dazu aber von andern malen ließ. Wahrlich ein solches Tal ist es wert, daß man da in die Stickluft des Grabes das Gruben- und Sabbatslicht der Wahrheit statt seines Ichs hinunterlässet, um zu sehen, ob das Ich in einer solchen Tiefe noch atme.

Ich bitte aber die gelehrte Welt, das Geschenk dieses Briefs für kein Pfand zu halten, daß ich ihr auch meine andern Briefe über Frankreich überlassen werde: was ich darin etwa von echtem statistischen, geographischen Bauholz verwahre, hat schon Herr *Fabri* in

---

[4] Bekanntlich stießen die zwei symplegadischen Felsen immer gegeneinander und zertrümmerten jedes durchfliehende Schiff, bis Orpheus' Töne sie zu ruhen zwangen.

Händen, den ich ausdrücklich gebeten, die Materialien zu verbauen, ohne den Lieferanten zu nennen.

Ich habe scherzhaft meine Briefe an Viktor in Stationen zerfället: fünfhundert Stationen unterschlag' ich, wie natürlich, und fange mit der 501ten an, worin ich im Tale erscheine:

501. Station

Das Allerlei des Lebens - das Trauergedicht als billet doux - die Höhle - die Überraschung

Kampan d. 23. Jul.

- Da leb' ich seit vorgestern: nach Höllenfahrt und Fegfeuerprobe und Durchgang durch limbos infantum et patrum tritt doch endlich der Mensch ins Himmelreich. - Aber ich bin dir noch den Ausgang aus unserer vor-vorgestrigen Herberge schuldig. Niemals hat wohl ein Kopf ein härteres Lager, als wenn man ihn auf den Händen trägt - d. h. darauf stützt: bei mir und Karlson war vor-vorgestern nichts daran schuld, als daß im Saale neben unsern Zimmern ein Hochzeittanz gehalten und daß parterre die jüngste Tochter des maitre d'hotel, die nicht nur den Namen, sondern auch die Reize der Corday hatte, mit zwei weißen Rosen auf den Wangen und zwei roten in den Locken - eingesargt wurde und daß Menschen mit bleichem Gesicht und schwerem Herzen blühende und beglückte bedienten. Wenn das Schicksal zugleich das Freudenpferd und das Trauerroß an die Deichsel der Psyche anschirret: so ziehet immer das Trauerroß vor, d. h. wenn eine lachende und eine weinende Muse in *einer* Stunde auf *einer* Bühne nebeneinander spielen: so schlägt sich der Mensch nicht wie Garrick[5] auf die Seite der lachenden, er bleibt nicht einmal mitten inne, sondern er nimmt die weinende; so malen wir überall wie Milton das verlorne Paradies feuriger als das wiedergewonnene, die Hölle wie Dante besser als den Himmel. - Kurz die stille Leiche machte uns beide gegen den frohen warmen Eindruck der Tänzer kalt. Aber ists nicht recht toll, mein Viktor, daß ein Mann wie ich nichts so gut weiß, als daß jede Stunde der Erde zugleich Morgenrot und Abendwolken austeilt, hier einen blauen Montag, dort einen Aschermittwoch anfängt, daß ein solcher Mann, der mithin so wenig darüber trauert, daß dieselbe Minute Tanz- und Nachtmusik und zugleich Totenmärsche vor dem breiten Nationaltheater der Menschheit aufspielt, gleichwohl den Kopf hängt, wenn er diese Doppel-Musik auf einmal bei einer Winkel-

---

[5] Auf einem Gemälde von Reynolds, wo Garrick, von beiden Musen gezogen, Thalien folgt.

bühne zu Ohren bekömmt? Ist das nicht so toll wie sein übriges Tun?

Auch in Karlsons Augen flog etwas von dieser Staub-Wolke; bei ihm bestand sie aber aus aufgewehter Asche einer Urne. Er kann alle Schmerzen verschmerzen - ihre Erinnerungen ausgenommen -; seine Jahre hat er durch Länder ersetzt, und der durchlaufne Raum wird ihm für durchlaufne Zeit angerechnet: aber hier wurde der tiefe feste Jüngling blaß, als er heraufkam und mir erzählte, daß der Liebhaber der bleichen Corday ihre langen gefalteten Hände auseinandergeworfen und auf seinen Knien an seinen wilden Mund angerissen habe.

Er nahm sein Entfärben im Spiegel wahr, und um es mir zu erklären, so teilt' er mir gleichsam das letzte und geheimste Blatt aus seiner Lebens-Robinsonade mit. Du siehest, was für ein undurchsichtiger Edelstein dieser Jüngling ist, der seinen Freunden durch ganz Frankreich nachreisen kann, ohne seinem offenherzigen Reisegefährten nur eine Fuge oder ein Astloch in das Verhältnis mit ihnen aufzumachen. Jetzt erst, zumal aus Rührung über das nahe Kampaner-Tal, zieht er den Schlüssel aus dem Schlüsselloch, das für dich ein Souffleurloch wird.

Daß er mit dem Baron Wilhelmi und der Braut desselben, *Gione,* und ihrer Schwester, *Nadine,* bis nach Lausanne gereiset war, um mit ihnen bis ins Kampaner-Tal zu ihrer arkadischen Hochzeitfeier mitzugehen - das weißt du schon. Daß er sich in Lausanne von ihnen plötzlich wegriß und sich zurück an den Rheinfall zu Schaffhausen stellte - das weißt du auch; aber die Ursache nicht. Diese wird dir nun von ihm und mir erzählt.

Karlson sah in der täglichen Nähe endlich durch den enggegitterten Schleier Gionens durch, der über einen verwandten, groß und fest gezeichneten Charakter, den noch dazu die bräutliche Liebe magisch kolorierte, geworfen war. Karlson wurde von sich vermutlich viel später als von andern erraten: sein Herz wurde, wie im Wasser das sogenannte Weltauge, anfangs glänzend, dann wechselt' es die Farben, dann wurd' es ein Nebel und endlich transparent. Um das schöne Verhältnis nicht zu trüben, wandte er den verdächtigen Teil seiner Aufmerksamkeit auf ihre Schwester Nadine; er sagte mir nicht klar, ob er nicht diese in einen schönen Irrtum führte, ohne Gionen eine schöne Wahrheit zu nehmen.

Alle diese Schauspiels-Knoten schien die Sense des Todes zerschneiden zu wollen: Gionen, diese Gesunde und Ruhige, befiel ein plötzliches Nervenübel. An einem Abend trat Wilhelmi mit seiner dichterischen Heftigkeit weinend in Karlsons Zimmer und konnte nur unter der Umarmung stottern. »Sie ist nicht mehr.«

Karlson sagte kein Wort, aber er reisete noch zu nachts im Tumulte fremder und eigner Trauer nach Schaffhausen fort und nahm vielleicht ebensosehr vor einer Liebenden als vor einer Geliebten die Flucht, ich meine vor Nadine und Gione zugleich. Vor der ewigen Wasserhose des Rheins, dieser fortstürzenden geschmolznen Schlaglauwine, dieser schimmernden steilrechten Milchstraße, heilte sich seine Seele langsam aus: Aber er war vorher lange in die düstere kalte Schlangengrube stechender Schmerzen eingeschlossen, sie bekrochen und umwickelten ihn, bis ans Herz: denn er glaubte wie die meisten Weltleute, unter denen er erwachsen war – und vielleicht auch durch sein Schoßstudium, die Chemie, zu sehr an *physische* An- und Aussichten verwöhnt –, daß unser letztes Entschlafen Vergehen sei, wie in der Epopöe der erste Mensch den ersten Schlummer für den ersten Tod ansah.

Er schickte an Wilhelmi bloß die Nachricht seines Aufenthalts und ein Gedicht: *»Die Klage ohne Trost«*, das sein Unglaube betitelte, da er das Ambrosiabrot nie gebrochen hatte, dessen Genuß Unsterblichkeit verleiht. Aber eben das stärkte sein entkräftetes Herz, daß ihn die Musen zu dem Gesundbrunnen der Hippokrene führten.

Der Baron schrieb ihm zurück: er habe sein schönes Trauergedicht der Verstorbenen oder Unsterblichen – vorgelesen: bloß eine lange Ohnmacht hatte den schmerzlichen Irrtum erzeugt. Er und Gione baten ihn herzlich, ungesäumt nachzukommen – aber Karlson antwortete: »das Schicksal hab' ihn nun durch die Alpenmauer von ihrem schönen Fest geschieden; da es aber wie das Braut-Tal Kampan seine Frühlinge immer erneuern werde, so hoff' er durch sein Zögern nichts zu verlieren als Zeit.«

Kurz nun hatte noch dazu die andere Welt ihr überirdisches Licht auf Gionens Angesicht geworfen, und er liebte sie jetzt zu sehr, um das Fest ihres Verlustes begehen zu helfen. Auch über sie will ich dir eine unter dem Zuhören geborne Vermutung zuwenden.

Schon von einem Lobe und einer Liebe hinter dem Rücken werden wir gewonnen: wie viel mehr aber, wenn man uns beide als Abschiedsküsse nach dem Auffluge aus der Erde nachwirft! – Daher ist für mich der Gedanke an die künftige Leichenprozession hinter meinem bunten reichbeschlagenen Loh-, Zwiebel- und Reliquien-Kasten nicht nur ein Sporn zum Medizinieren (denn älter ist man leichter einzubüßen), sondern auch zum Absolvieren. Und du selber, so selten du uns sämtlich spießen oder zum Teufel jagen willst, ich meine so außerordentlich selten auch das Gewitter des Zorns das Faß deiner Brust versäuert: du selber hast kein besseres Säckchen mit weißer Kreide, kein besseres oleum tartari per deliquium,[6] womit du deine innern Flüssigkeiten wieder versüßen kannst, als den Gedanken, wie wir alle um dein Sterbekissen erbleichen würden und um deinen Hügel verstummen und wie dich niemand vergäße! – Ich kann unmöglich glauben, daß es einen einzigen Menschen gebe, dem nicht, wenn ihn der Tod in der Täucherglocke des Sargs hinunterzieht, ein gebücktes Haupt und ein rotes Auge nachsähe; und darum kann doch jeder wenigstens die Seele lieben, die ihn einst beweinen wird. –

Denke ich nun die genesende Gione mit einem abgeschälten wunden Herzen, das eben in der schwülen elektrischen Atmosphäre der gesenkten Wetterwolke des Todes eine neue Empfindlichkeit erhalten hat: so brauch' ich dir ihre Erweichung über Karlsons Trauerkarmen nicht nach Tropfen mit dem Tau- und Feuchtigkeitsmesser vorzurechnen, noch mit dem Magnetmesser ihre Liebe. Aber – nicht Wilhelmis glänzender Reichtum und sein ebenso glänzendes Betragen, sondern – die frühere Wahl und das frühere Wort verboten ihr, die Diamantenwaage nur – in die Hand zu nehmen.

Als Karlson mir das alles auserzählet hatte: so drehte er Gionens Ringbild – niedlich wie von Blaramberg gemalt – am Finger aufwärts und legte sich auf die harte Klippe des Ringfingers mit den feuchten Augen auf, bis er die geschmückte Hand unbemerkt unter den Kuß der Lippen rückte. Die Schamhaftigkeit seines Schmerzes

---

[6] 10 Tropfen davon machen ½ Pf. saures Bier auf der Stelle süß.

rührte mich so sehr, daß ich ihm eine andere Marschroute als ins Tal unter dem Vorwand anbot, »weil mir die Träume darüber die Lust an der Wirklichkeit verdorben hätten und weil wir vermutlich die Neuvermählten noch in den ersten acht Rosensirup-Tagen störten, da sie wahrscheinlich auf den lauern, dort spätern Frühling gewartet«. Er erriet mein Erraten; aber sein Wort, morgen zu kommen, zog ihn an Ketten hinein. – Herzlich gern hätt' ich das neue, vom Frühling gefüllte Eden entbehrt und meinem Freund die Jakobsleiter, auf der er aus seinem Traum in seinen vorigen Freudenhimmel sehen, aber nicht steigen durfte, unter den Füßen weggezogen. Aber auf der andern Seite freute mich sein fester worthaltender Charakter, der sich mit der Kraft seines Lichts dem Eindringen der Stacheln und Bohrwürmer des Leidens widersetzt; so wie mit der Zunahme des Mondlichts die Abnahme der Gewitter wächst. Ungesehen schrieb ich jetzt Gionen (nicht bloß ihn) in die Matrikel der seltenen Menschen ein, die sich wie Raffaels und Platons Werke erst unter dem Beschauen entwölken und die wie beide dem Siebengestirn gleichen, das dem kurzen Auge anfangs nur sieben Sonnen, dann aber dem langen Sehrohr über vierzig zeigt. – –

Vor-vorgestern reiseten wir demnach ab. Unterwegs sah ich ihm, glaub' ich, zu oft in sein schönes treues, gleich dem himmlischen Äther zugleich tiefes und offnes und blaues Auge hinein: ich stieg in seine Brust hinab und suchte mir darin die Szene des Tages aus, woran das kirchliche Band ihm die edle Gione auf ewig aus den Fibern seines reinen, mehr von Musen als Göttinnen erwärmten Herzens zog. Ich will dirs bekennen: ich weiß mir keinen Tag zu denken, an dem ich meinen Freund mit größerer Liebe und Rührung sehe, als an dem unvergeßlichen, wo ihm das Geschick den Bruderkuß, die Kußhand und Breitkopfs Land der Liebe und Philadelphia und Vauklusens Quelle auf einmal in einem einzigen weiblichen Herzen schenkt. –

Vorgestern nachts um 10 Uhr kamen wir vor Wilhelmis arkadischer Kartause an, die ihr Strohdach an eine grüne Marmorwand andrückte. Karlson fand sie leicht durch die Nachbarschaft der berühmten Kampaner Höhle aus, aus der er sich schon einmal Stalagmiten gebrochen hatte. Der Himmel lag voll Gewölke und voll gefärbter Schatten, und über die lange grüne Wiege voll schlummernder Kinder hing die Wiegendecke der Nacht an den Pyrenäen befestigt und mit einigen silbernen Sternchen besetzt. Aus Wilhelmis Einsiedelei kamen sogleich einige *schwarz* gekleidete Menschen mit Pechfackeln, die auf uns gelauert zu haben schienen, und sagten: der Herr Baron sei in der Höhle. Beim Himmel, unter solchen Umständen ists leichter, die *engste* zu vermuten als die *schönste* und *größte*.

Die Schwarzen trugen ihre Flammen voraus und zogen die fliehende Vergoldung von einem Eichengipfel zum andern und führten uns gebückt durch eine Katakomben-Pforte. Aber wie herrlich wölbte sich die hohe und weite Grotte[7] mit ihrer kristallenen Stukkatur empor, gleichsam ein illuminiertes Eis-Louvre, ein glimmendes unterirdisches Himmelsgewölbe! Wilhelmi warf eine Handvoll abgebrochner Stufen weg und flog entzückt an seinen Freund. Gione trat mit ihrer Schwester hinter einer ineinander gepelzten Stalaktite und Stalagmite hervor, das Lodern der Fackeln gab ihr nur ungewisse Gestalten - aber endlich führte Wilhelmi ihr ihn entgegen und sagte: »Hier ist unser Freund.« Er küßte tief-gebückt die lebendige warme Hand und verstummte vor Rührung; aber Gionens feste Züge zergingen auf dem ernsten Angesicht, dem bloß der jugendliche Schmelz Nadinens abging, in eine lächelnde *größere* Freude, als er zu erwidern und zu vergelten wagte: »Wir haben Sie lange in diesem Paradiese erwartet und vermisset«, sagte sie mit fester Stimme, und ihr klares ruhiges Auge tat die weite Perspektive in eine reich geschaffne tiefe Seele auf. »Willkommen(' sagte Nadine, »hier in der Unterwelt! Jetzt glauben Sie doch an Wiedersehen und Elysium?« Ob sie ihn gleich mit einer Gesandtschaft und Flora von Scherzen - oder warens Grazien? denn sie waren schwer zu unterscheiden - empfing: so schien doch diese Heiterkeit des Temperaments und der Angewöhnung nicht die Heiterkeit eines befriedigten ausruhenden Herzens zu sein.

Mein Freund präsentierte mich gehörig, damit ich in dieser Korporation der Freundschaft kein Überbein und hors d'oeuvre bliebe.

Uns war allen - mir gar, da vor mir lauter nie gesehene Wesen in silbernen Reflexen schwebten -, als sei die Erde aus und das Elysium aufgetan und die abgetrennte bedeckte Unterwelt bewege wie-

---

[7] Zwanzig Fuß ist sie hoch, und der Eingang fünf Fuß.

gend zwischen Widerschein und Halbschatten gestillte, aber beglückte Seelen.

In dem freudigen Anteil, den diese liebende Dreieinigkeit an Karlsons Erscheinung nahm, war eine gewisse Lebhaftigkeit, die sonst den zurückgelegten vorletzten Schritt zu einem Ziel begleitet; aber das Ziel war bedeckt. Nadine, um doch mir auch etwas zu sagen, entdeckte mir: es sei ein kritischer Philosoph und Kämpfer mit da, den es freuen werde, jemand *für* oder *wider* seine Sätze zu hören, der Hauskaplan nämlich.

Als wir uns aus der wetterleuchtenden Demant- und Zaubergrube in die verdeckte Nacht begaben: so sahen wir den Mantel des Erebus in schweren nassen Falten niederhängen, und dünne Blitze quollen aus dem nächtlichen Dunst, die Blumen rauchten aus zugedeckten Kelchen, und unter dem tiefer einsinkenden Gewitter schlugen die Nachtigallen lauter, gleichsam als lebendige Gewitterstürmer, hinter blühenden Sprachgittern. – Gione ging auf einmal langsamer an Karlsons Arm und sagte mit Wärme, ohne zu stottern: »Ich liebe überall die Wahrheit herzlich, auch auf Kosten theatralischer Überraschungen: ich muß Ihnen es im Namen des Herrn Baron entdecken, daß ich und er morgen auf immer verbunden werden. Sie müssen es Ihrem Freund vergeben, daß er dieses Fest nicht ohne den seinigen feiern wollte.«

Ich denke mir, daß jetzt in Karlsons Seele die erkältete Lava wieder flüssig und glänzend wurde. Aus einer Wolke um den steigenden Mond strahlte plötzlich, als wär' es aus diesem, ein Blitz, der in Gionens und Karlsons Augen einige Regentropfen erleuchtete, die für die Nacht gehörten. Wilhelmi fragte herzlich: »Kannst du mir nicht vergeben?« Aber Karlson drückte ihn mit ungestümer Wärme ans dankende Herz: ein so erhabenes Vertrauen der Freundschaft und ein so zarter Beweis desselben hob seine gestärkte Seele über alle Wünsche empor, und die fremde Tugend breitete in ihm die hohe Ruhe der eignen aus.

Wir zerteilten uns in unsere drei Tabors-Hütten, die Damen in die erste, Wilhelmi in die zweite, worin der kritische Philosoph mit wär, ich und Karlson in die dritte, die der Baron schon voraus dazu gemietet hatte. Die Ermüdung der Reise und selber der Gefühle schob unsere Bündnisse und Freuden eine Nacht hinaus. Ich kann dir aber nicht sagen, wie schön der Schmerz auf meines Freundes Angesicht der Erhebung zurückte, wie die Trauer wie ein Wolkenbruch aus seinem Himmel entfiel und das weite Blau aufdeckte: die Opfer und Tugenden unserer Geliebten gehören unter die unaussprechlichen Freuden, die wenigstens die Seele zählen und wägen sollte, die sie nachahmen kann.

Mir und ihm traten, in einer eignen elysischen Stimmung oder Harmonie für den kommenden Tag voll heiliger Wonne, die Augen über. Ach mein Viktor, die Völker und die einzelnen Menschen sind nur am besten, wenn sie am frohesten sind, und verdienen den Himmel, wenn sie ihn genießen. Die Träne des Grams ist nur eine Perle vom zweiten Wasser, aber die Freudenträne ist eine vom ersten. Und darum breitest du eben, väterliches Geschick, die Blumen der Freuden wie Ammen die Lilien in der Kinderstube des Lebens auf, damit die auffahrenden Kleinen in einem festern Schlafe bleiben!

Ach die Philosophie, die uns die *Freuden* verdenkt und sie im Bauriß der Vorsicht durchstreicht, sage uns doch, mit welchem Rechte denn die glühenden *Schmerzen* in unser zerbrechliches Leben traten. Haben wir nicht schon darum ein ewiges Recht auf ein warmes weiches Dunenbette – ich denke jetzt nicht bloß an das tiefste *Unterbette* in der Erde –, weil wir so voll Stigmen der Vergangenheit, so voll Wunden sind?

Du sagtest einmal zu mir: »in deinen frühern Jahren wärest du aus der stoischen Philosophie durch den Sorites gezogen und getrieben worden, daß erstlich, wenn die Empfindung der Freude so wenig wäre, als die Stoiker daraus machen, es gescheuter wäre, seinen Nächsten zu bekehren als zu beglücken, gescheuter, auf Kanzel und Katheder als Lehrer der Moral zu treten wie in Arbeitsstuben als Praktikanten der Moral, gescheuter, statt der aufgeblähten marmorierten *Seifenblasen* der Freude dem Nächsten die *Seifenpillen* und Fleckkugeln der moralischen Klinik zuzuwenden – ferner daß es zweitens irrig wäre, zu behaupten, die Tugend mache der Glückseligkeit *würdiger*, wenn nicht die Glückseligkeit einen eignen ewigen Gehalt besäße, weil man sonst behaupten würde, die Tugend mache den Inhaber eines *Strohhalms* etc. würdiger.«

Das hast du einmal gesagt: glaubst du es noch? Ich glaub' es noch.

502. Station

Der donnernde Morgen – die kleine Tour nach der großen – die Kanapeepolster.

Durch die ganze Nacht ging ein halb verlorner Donner, gleichsam als zürnt' er im Schlafe. Am Morgen vor Sonnenaufgang trat ich und Karlson hinaus in die mit dem nahen Gewölke verhangne Brautkammer der Natur. Der Mond sank dem doppelten Augenblicke des Untergangs und Vollwerdens zu. Die tief unten auf Amerika wie auf einem Altar brennende Sonne trieb den Wolkenrauch ihres Freudenfeuers rot empor; aber ein Morgengewitter kochte brausend über ihr und schlug ihr seine Blitze entgegen. Das schwüle Brüten der Natur sog heißere und längere Klagen aus den Nachtigallen und fliegende Gewürze aus der langen Blumen-Aue. Dicke warme Tropfen wurden aus dem Gewölke gepresset und zerschlugen laut das Laub und den Strom. Bloß das Mittagshorn – die Zinne der Pyrenäen – stand licht und rein im Morgenblau. Endlich warf der untergegangene Vollmond einen Sturmwind herüber ins glühende Gewitter, und die Sonne stand auf einmal siegend unter dem mit Blitzen behangnen Triumphtor. Der Sturm wehte den Himmel blau und stürzte den Regen hinter die Erde, und um den glänzenden Sonnendiamant lag nur noch das flatternde Foliensilber des zerstäubten Gewölks.

Ach mein Viktor! welcher neugeborne Tag war nun auf der Erde und lagerte sich in das herrliche Tal! Und die Nachtigallen und die Lerchen zogen singend um ihn und die Rosenkäfer umrauschten seine Lilien-Girlanden und der Adler hing sich an die höchste Wolke und beschauete ihn von Gebürg zu Gebürg! – O wie alles so arkadisch den gebognen, jede Flur umarmenden Adour hinauf und hinab lag! Die marmornen Wände – aber nicht von Menschen zusammengelegt – fassen wie größere Blumen-Vasen die Blüten-Beete ein, und die Pyrenäen wachen mit ihren Gipfeln um die zerstreueten und tiefen Sennenhütten. Nie ergreife, ruhiges Tempe, ein Sturm deinen Adour und deine Gärten! Nie wehe ein stärkerer durch dich, als der die Natur sanft wiegt, der den Gipfel voll heißer Eier und Kinder, als eine belaubte Wiege, schaukelt und der keine Biene vom Honigtau der Ähre wirft und der nur die breitesten Flocken der Wasserfälle auf die Uferblumen drängt. – –

Denke nicht, daß ich jetzt alle meine Tuschschalen um mich stellen und dir das kunstlose gerundete Tal durch das Quadrat der Kunst abzeichnen werde: ich will dich in diese *Bilderbibel* der Natur stückweise schauen lassen, so wie der Zufall ein Blatt nach dem andern umschlägt. Meine Stationen werden dich durch die verschiedenen Zimmer führen, worin die reiche Ausstattung dieser Blütenzeit, wie die einer Königstochter, zur Schau aushängt; aber etwas anders ists freilich, an der königlichen Braut selber den vereinten angelegten Schmuck zu sehen.

Uns beide rief ein Bedienter aus dem Phantasieren, der nach dem Hauskaplan herumsuchte: wir sahen ihn endlich auf einen Herrn zulaufen, der am Adour die zurückgeschlagnen Hemde-Ärmel wieder herunterstreifte. Es war der Hauskaplan, der unter dem Gewitter gekrebset und später geangelt hatte. Da ich wußte, daß er in seiner etwas behaarten Hand auch Kelle und Mörtel, Feder und Dinte, zu einer Futtermauer der kritischen Philosophie (und zu seiner eigenen) verarbeitet hatte: so ging ich ihm freundlich entgegen und sagte ihm, was ich schriebe. Aber der rohe trotzige und doch scheue Mäuerer hieß mich in einer Sprache, die so breit war wie sein Gesicht, frostig willkommen: er scheint Biographen zu verachten, weil die Fenster in philosophischen Auditorien so *hoch* sind – oder gar wie an alten Tempeln oben an der Decke –, daß sie daraus nicht auf die Gasse des wirklichen Lebens sehen können, so wie nach Winckelmann die römischen Fenster im architektonischen Sinne ebenso hoch waren. Lord Rochester war einmal ein ganzes Quinquennium unausgesetzt *trunken;* ein solcher Kaplan aber ist vermögend, ein ganzes Dezennium lang *nüchtern* zu verharren. Ein solcher Mensch beißet allen kräftigen Wahrheiten, Erfahrungen und Erdichtungen, wie die Ameisen den eingetragnen Samenkörnern, die Keime aus, damit sie nicht in seinem Ameisenhaufen aufgehen, sondern nur zum Bauholz austrocknen.

Als der Kaplan mich verließ, um als Konsekrator des Ehe-Sakraments zum Baron zu gehen: so fand ich den Rittmeister wieder, der in dem von einem marmornen Fall-Becken zurückgespritzten Staubregen einer nahen Kaskade stand. Um ihn wateten bis an die Fenster die Eremitagen des Landmanns in grünenden Halmen, mit dem Erntekranz von welken bedachet, und innen blühten Familien und außen Ulmen. Er hielt mir eine Visitenkarte entgegen, die ihm jetzt, sagt' er, Gione vor der Vermählung gegeben. Es war aber Scherz, er hatte die umgeschlagne Karte bloß auf dem Moose neben der Kaskade gefunden. Sie stellte wie gewöhnlich eine römische Ansicht vor, diesesmal neben dem rauschenden Wasserfall den gezeichneten von Tivoli, und auf einem Stein im Vordergrund stand Gionens Name geschrieben. Eine solche verzettelte Kleinigkeit, der Fund eines abgegebnen geliebten Namens kurz vor der Minute seiner irdischen Einbuße, setzet mit einem Spiel- und Triebwerk lieblicher Beziehungen das ganze Herz in volle Bewegung.

Er ging zur Feierlichkeit. Ich blieb unter dem herrlichen blauen Himmel und freuete mich, daß alle Kampaner sich in seine Farbe kleideten, in die *blaue*, die ich gestern an den Bedienten für eine schwarze genommen hatte.

Ich mache dir kein Geheimnis daraus, daß ich unter der Kopulation neben so vielen Schönheiten des Frühlings mich in die ebenso holden Nadinens verlor, die für mich ein unbekanntes inneres Afrika war, wobei ich wünschte, sie wäre ebenso heiß.

Nach acht oder zehen Träumen sah ich endlich die schönen Paare meine Lustbahn durchschneiden. Ich ging entgegen. O wie seelenfroh und still standen wir nun alle nebeneinander unter dem Frühlings-Getümmel der lebendigen Harfenettchen und Zithern und Lockpfeifen und Flötenuhren, die sich um uns mit und ohne Flügeldecken drehten! Karlson und Gione verschwiegen eine gleiche Rührung fast wie über ein gleiches Geschick. Wilhelmi, der wie ein Komet bald im Brennpunkt, bald im Gefrierpunkt einer Sonne ist, brauchte keine Freude weiter als die Mitfreude des andern. Aber in Nadinens hellem Auge hing eine Träne fest, die nicht wegzulächeln und wegzublicken war: es schien mir, daß ihr Herz gleich der Erdkugel mit einer bis auf eine ziemliche Tiefe kalten Oberfläche anfange, in seinem Innersten aber eine verhüllte Wärme vermehre. Und gestern schien doch ihr ganzes Wesen eine lachende Gegend zu sein! –

Über nichts machen wir wohl größere Fehlschlüsse und Fehltritte als über die weibliche Heiterkeit. Ach wie viele dieser holden Gestalten gibt es nicht, die ungekannt verarmen, scherzend verzagen und schäkernd verbluten, die mit dem frohen hellen Auge in einen Winkel wie hinter einen Fächer eilen, um in die Tränen, die es pressen, recht freudig auszubrechen, und die den verlachten Tag mit einer verweinten Nacht bezahlen, wie gerade eine ungewöhnlich-durchsichtige helle nebellose Luft Regenwetter ansagt. - Erinnere dich nur an die schöne N. N. und auch an ihre jüngere Schwester.

Indes hielt das Tageslicht dem reizenden Tropfen unter Nadinens Auge, diesem Solitäre unter ihren glänzendsten Reizen, durch eine halb so große Warze fast das Gleichgewicht.

Wilhelmi hatte den lyrischen oder dithyrambischen Kopf voll lauter Freuden-Plane und forderte mit der Hastigkeit der Entzückung einen hurtigen Synodalschluß über die Nutznießung des Tages. »Ach Gott, jawohl« - sagt' ich noch eiliger und voreilig dazu - »das Leben fliegt heute auf einem Sekundenzeiger herum: wie ein Wecker rollet es ab; aber wo ist in der Eile ein Plan, ein guter Plan?« - Nadine, mit der der Bräutigam schon vorher alles gehörig abgekartet hatte, versetzte: »Ich denke, wir brauchen gar keinen für einen so holden Tag und für ein so liebes Tal: wir pilgern und irren heute bloß nachlässig am Adour das ganze Tal in die Länge durch und setzen uns bei jeder Hütte und bei jeder neuen Blume nieder - und abends fahren wir im Mondschein zurück. - Das wäre in einem solchen Arkadien recht arkadisch und schäfermäßig. Wollen Sie alle? - Du willst gewiß.« - »O wohl,« (sagte Gione) »und ich denke überhaupt, die meisten von uns sind noch in den Reizen dieses Paradieses fremd.« Der Baron überdachte scheinbar sein Votum ein wenig und sagte: »Es kömmt nur darauf an, daß die Damen 2¼ Meilen[8] zurücklegen können in einem Tage.« - Ich rief vor Freuden toll: »Ach prächtig!« Denn eine solche langsame horizontale Himmelfahrt, ein solches melodisches Arpeggio durch die Dreiklänge der Wonne war schon ein alter, fest gewachsener Wunsch meiner ersten Jugend. Ich ließ meine Entzückung am Hauskaplan aus, dem innerlich die ganze voyage pittoresque wie eine Karfreitagsprozession widerstand und dem statt dieses Himmelsweges der von Höfer[9] lieber gewesen wäre, weil er sich lieber zu Hause hingesetzt und fortgelesen hätte und weil er überhaupt die Epopöe der Natur nicht wie ein Naturmensch genoß, noch wie ein Naturforscher

---

[8] Nämlich französische: das ganze Tal ist etwan 2 deutsche Meilen lang.

[9] Der Höfersche Himmelsweg oder die Anleitung, in 24 Stunden den Weg zur Seligkeit zu erlernen.

skandierte, sondern wie ein Konrektor zerwarf und versetzte zur Übung im Zusammenbauen; ich sagte unbedachtsam: »Wenn wir beide aber Schäfer machen und Sie den alten Myrtill vorstellen und ich den Phylax: so ists schon viel.« – Du weißt am besten, daß die Laune sich vor weiblichen und vor gebildeten Ohren zehnmal weniger erdreisten darf als auf dem Druckpapier und daß man sie für solche Leute durch so viel Löschpapier und filzene Filtrierhüte seihen muß, daß ich keinen Korrekturbogen nachher darum gebe.

Ein gemietetes Landgut am Ende des Tals war das architektonische Himmelreich, womit Wilhelmi seine Braut in diesem botanischen überraschen und bezaubern wollte. Aber Nadine wußt' es allein.

In ebenso vielen Minuten, als ein Schwan bedarf, die Flügel auszudehnen und sich aufzuhelfen, waren wir reisefertig. Ich tadl' es nicht, wenn ein Mensch sich vorbereitet, z. B. auf das Examinieren, aufs Sterben: nur auf keine (nähere) Reise; die lange Vorjagd verstöbert alles Grenzwildpret der Lust. Ich meines Orts denke nie daran abzureisen als – unterwegs.

Wilhelmi belud sich mit der Laute seiner Braut – Karlson mit einem Portativ-Eiskeller (aus dem Hofmannischen Magazin, glaub' ich) – die Damen mit ihren Sonnenschirmen, und ich und der Hauskaplan hatten nichts zu tragen. Ich sagte dem leeren Phylax ins Ohr – denn so kann ich diesen disputierlustigen kritischen Bombardierkäfer schon nennen und mich den alten Myrtill –: »Herr Hauskaplan, wir verstoßen gegen das feinste savoir vivre, wenn wir mit leeren leichten Händen nachgehen und nichts auflasten.« – Er erbot sich sogleich höflich bei Gionen zum Packpferd und Lastwagen und Lastträger ihres – Parasols. Mir befahl aber ein aufgeräumter Genius, in Karlsons Zimmer zurückzulaufen und vom Kanapee zwei Polster oder Seiden-Walzen wegzuholen und mit ihnen wie mit Zwillingen auf den Armen wiederzukommen: nichts war zweckmäßiger, da sich die Damen unterwegs tausendmal niedersetzen wollten und den seidenen Ellenbogen nicht in die Saftfarben der Blumen unter ihnen tunken konnten. Phylax mußte zu seinem Verdruß die eine Walze oder den weichen Bloch in die Arme nehmen; und ich hing wie an einem Stockband den andern Bloch an den Daumen.

Nun wurde aufgebrochen und aufgeschritten....

Wir gingen den Pyrenäen entgegen - Kornfluren - Wasserfälle - Sennenhütten - Marmorbrüche - Haine - Grotten zogen sich, vom schlagenden Adersystem des vielästigen Adours beseelt, vor uns glänzend und offen dahin, und wir hatten sie wie herrliche, in Träume verwandelte Jugendjahre zurückzulegen....

Ach Viktor, nur Reisen ist Leben, wie umgekehrt das Leben Reisen ist. Und schöb' ich mich wie gewisse Seemuscheln nur mit *einem* Fuße hin - oder käm' ich wie die Meernessel und die Weiber nur 6 Linien in ¼ Stunde weiter - oder müßt' ich wie die Spitzmuschel durch Verkürzung des vorauseingehakten Rüssels den Torso nachschleifen - oder ständ' ich unter Fritz II. oder unter Fritz I. (dem Lykurg), die beide die große Tour verboten: ich machte mich wenigstens auf eine kleinere, um nicht zu verschmachten, wie die Schmerle, die in jedem Gefäße absteht, das man nicht rüttelt. - Wie glänzet man, wie dichtet, wie erfindet und philosophiert man, wenn man dahinläuft, so wie Montaigne, Rousseau und die Meernessel nur *leuchten,* wenn sie sich *bewegen!* Beim Himmel, wenn die Sonne oben dem Fußgänger von einem Laubgipfel zum andern nachfolge, wenn die erblichne im Wasser unter den Wellen nachschwimmt - wenn Szenen, Berge, Hügel, Menschen im Wechsel kommen und fliehen und Freiheitslüfte über das ganze veränderliche Eden wehen - wenn wir mit zersprengten Hals- und Brusteisen und zerschlagenen Sperrketten der engen Verhältnisse leicht und ungebunden wie in Träumen über neue Bühnen fliegen - - dann ists kein Wunder, daß ein Mensch sich auf die Füße macht, und daß er immer weiter will.

Denn leider muß die Glasglocke über Menschen und Melonen, die beide anfangs eine zerbrochene Bouteille überbauet, immer höher aufgehangen und zuletzt gar weggehoben werden. Anfangs will der Mensch in die nächste Stadt - dann auf die Universität - dann in eine Residenzstadt von Belang - dann (falls er nur 24 Zeilen geschrieben) nach Weimar - und endlich nach Italien oder in den Himmel; denn wären vollends die Planeten an eine Perlenschnur gefädelt und einander genähert, oder wären die Lichtstrahlen Fähren und Treibeis und die Lichtkügelchen Pontons: so wären Extraposten im Uranus angelegt, und der unersättliche innere Mensch würde sich, eben weil der äußere so sehr ersättlich ist, von einer Kugel zur andern sehnen und begeben...

Dafür aber, mein Viktor, ist auch kein Ich von einem so vielgehäusigen Karzer ummauert als das menschliche: denn unsere Spandaus stecken ja ordentlich immer enger ineinander. Denn mein und dein Ich sitzt nicht sowohl in der Welt gefangen als auf der Erde - in dieser Kings-Bench hocken wieder die Stadtmauern - in diesen umfangen uns die vier Pfähle - in den Pfählen der Armsessel oder das Bette - in diesen das Hemde oder der Rock oder beides - endlich gar der Leib - und am allergenauesten (und noch dazu nach Sömmering) in den Gehirnhöhlen der Entenpfuhl.... Erschrick über die fatale vielschalige Suite von Korrektionsstuben, die ein Ich umstellen! - -

Das *militärische Halt*[10] haben die Franzosen von den Deutschen gelernt; aber wahrlich, wirst du zu mir sagen, das *ästhetische und philosophische* sollten wir ihnen ablernen. Ich beschwöre deinen Schwur, denn es ist so.

---

10 »Halt« und »Achtung« sind die einzigen zwei Kommandowörter, die bekanntlich ohne Version von dem deutschen Heere zu dem andern übergingen, das sie - nötiger hatte als unseres.

503. Station

Pasquill auf den Kaplan - Lobrede auf ihn - der Diamant - Einwürfe gegen die Unsterblichkeit - Eden-Scherze

Wir beide Walzenträger formierten den Nachtrab; ich wollte einen Diskurs anknüpfen, aber Phylax machte wenig aus mir. Höchstens sah er mich für einen windigen Schöngeist an, der sich bloß an Gefühle hält - obgleich Gefühle der Schwamm voll atmosphärischer Luft ist, den sowohl der Dichter auf seinem hohen Parnaß als der philosophische Täucher in seiner Tiefe am Munde haben muß, und obgleich die Dichtkunst über manche dunkle Stellen der Natur ein früheres Licht warf als die Philosophie, wie der düstre *Neumond* von der *Venus* Licht bekömmt.

Der Philosoph versündigt sich aber am Dichter noch mehr wie du an den Kantianern, von denen du zu verlangen scheinst, daß sie erträglich schreiben sollen: es sind Einfälle, mein Viktor, aber keine Gründe, wenn du sagst, die Philosophie werde wie eine türkische Dame von Stummen, Schwarzen und Häßlichen bedient; der philosophische Marktplatz sei ein forum morionum[11] , Schönheit sei den Philosophen wie den Heloten untersagt, die man deswegen tötete. Denn es ist wohl klar, daß eine gewisse barbarische, undeutsche, weitschweifige Sprache die Philosophie mehr schmückt als entstellt: Orakel verachten Anmut, Vox dei soloecismus, d. h. ein Kantianer ist nicht zu lesen, sondern nur zu studieren. Es ist ferner eines Philosophen nicht unwürdig, die Sprache statt der Wissenschaft zu bereichern, weil zum neuen Term irgendein anderer die Begriffe wie zu den Ammons-Hörnern die Tiere sucht und findet. Daher bezeichnen die Griechen *Wort* und *Vernunft* mit dem nämlichen Ausdruck, der am Ende gar ein *Gott* wurde. Daher schreibt der Philosoph stets über seine Haustüre: pour l'ondalgie[12] statt: »Hier wohnt ein Zahnarzt«. Das ist der erste Grund außer einem zweiten, warum der Philosoph, besonders der Kantianer - wie ich an Phylaxen sah - weder Bücher noch Menschen noch Erfahrungen noch Physik, Botanik, Künste, Naturgeschichte zu kennen braucht: er

---

[11] War der Markt in Rom, wo Mißgebildete feilstanden und desto höher weggingen, je ungestalter sie waren.

[12] So schrieb ein Pariser Dentist über seine Haustüre.

kann und muß das Positive, das Reale, das Gegebene, das unbekannte X entraten, er schafft seinen Term und saugt, wie zuweilen Kinder - sie können darüber ersticken -, an seiner eignen überstülpten *Zunge*, oder wie neugeborne Fohlen, an seinem *Nabel*...

Ich muß zur Gesellschaft zurück, Lieber! Da der Hauskaplan mit der größten Gleichgültigkeit gegen mich seinen Spazierstock oder vielmehr Spazierbaum von Polster trug: so wollt' ich ihn einnehmen durch ein Lob auf Kosten - Kants. Ich sagte zu ihm: »Es hat mich frappiert, daß die Philosophen es gelitten haben, daß Kant zwischen ihnen und Künstlern einen solchen Unterschied macht und nur den letztern Genie einräumt. Er sagt im 47. § seiner *Kritik der Urteilskraft:* ›Im Wissenschaftlichen ist der größte Erfinder vom mühseligsten Nachahmer und Lehrling nur dem Grade nach, dagegen von dem, den die Natur für die schöne Kunst begabt hat, spezifisch unterschieden.‹ Das derogiert, Herr Kaplan, und wahr ists ohnehin nicht. Warum kann denn Kant nur Kantianer, keine Kante machen?[13]

---

[13] In demselben § sagt Kant vorher: »Man kann alles, was Newton in seinem unsterblichen Werke der ›Prinzipien der Naturphilosophie‹ sagt, so ein großer Kopf auch erforderlich war, dergleichen zu erfinden, gar wohl lernen, aber man kann nicht geistreich dichten lernen, so ausführlich auch alle Vorschriften für die Dichtkunst und so vortrefflich auch die Muster derselben sein mögen. Die Ursache ist, daß Newton alle seine Schritte, die er von den ersten Elementen der Geometrie an bis zu seinen großen und tiefen Erfindungen zu tun hatte, nicht allein sich selbst, sondern jedem andern ganz anschaulich und zur Nachfolge bestimmt vormachen könnte, kein Homer aber oder Wieland anzeigen kann, wie sich seine phantasiereiche und doch zugleich gedankenvolle Ideen in seinem Kopfe hervor- und zusammenfinden, darum weil er es selbst nicht weiß und es also auch keinen andern lehren kann.« - Ich hatte anfangs Hoffnung, ich würde mich auf Kant - da er trillionenmal mehr Scharfsinn hat als ich - geradezu wie auf meinen geistigen chargé d'affaires verlassen können; aber bei dieser Stelle (und bei seinen Erklärungen über die Reue, über die Musik, über den Ursprung des moral. Bösen etc.) sah ich, ich mußte selber nachschauen und ihm nicht nachbeten, wie ich anfangs wollte, sondern nach-denken. Doch zurück! Allerdings kann man Newtons Prinzipien »lernen«, d.h. die erfundnen wiederholen, aber die erfundenen Gedichte ja auch; diese kann man freilich nicht erfinden lernen, so wenig als Newtons - Prinzipien. Eine neue philosophische Idee scheint nach ihrer Geburt klärer in den vorigen Keimen und molecules organiques zu liegen als eine dichterische: warum sah sie indessen denn erst Newton? - Auch er und Kant können so wenig wie Shakespeare oder Leibniz entdecken, wie auf einmal aus einer Wolke alter Ideen der Blitz einer neuen springt; sie können ihren Nexus mit alten zeigen (sonst wär's keine menschliche), aber nicht ihre Erzeugung

Werden denn neue Systeme durch Syllogismen erfunden, ob man sie gleich dadurch beweiset und erprobt? Kann denn der Zusammenhang einer neuen philosophischen Idee mit den alten ihre Empfängnis besser erklären oder erleichtern als derselbe Zusammenhang, den jede neue dichterische mit alten haben muß, deren Schöpfung *vermittelt?* – Herr Hauskaplan, ich weiß nicht, an wem hier Kant sich mehr vergriffen, ob an der Wahrheit – oder an sich – oder an seiner hohen Schule. Leibnizens Monadologie, harmonia praestabilita etc. sind eine so reine strahlende Emanation des Genius als irgendeine leuchtende Gestalt in Shakespeare oder Homer. – Überhaupt, Herr Kaplan, ist Leibniz ein genialischer, allmächtiger Demiurg in der philosophischen Welt, ihr größter und erster *Weltumsegler*, und der dann, glücklicher als Archimedes, in seinem Genius den Standpunkt fand, die philosophischen Universa um sich zu bewegen und mit Welten zu spielen – er war ein einziger Geist, er warf neue Fesseln auf die Erde herab, aber er selber trug keine: ich denke, Sie denken das auch, Herr Hauskaplan!« – Er versetzte, er dächte das nicht; die kritische Philosophie wisse, was sie aus Leibnizens Versuchen die übersinnliche Welt, die Dinge an sich, die zurückgelegte Approximation der bedingten Reihe bis zum Unbedingten darzustellen, zu machen habe, so wie sie Genies würdige – – Kurz ich hatt' ihn eher erbittert als erbeutet.

Karlson, den nicht einmal Amors Fackel oder Binde gegen die philosophische Fackel verblendet, nahm an Gionens Arme soviel Anteil am Kriege, als mit den Ohren zu nehmen ist. – Glücklicherweise hielten wir alle still. Nadinen war ein linsengroßer Diamant aus der Brillantierung ihres Halsgehenkes ausgefallen, und sie such-

---

daraus: beides gilt von dichterischen. Kant lehre uns Systeme oder Wahrheiten erfinden (nicht prüfen, wiewohl im strengsten Sinn dieses sich von jenem nur im Grade trennt), dann soll ihm gelehret werden, Epopöen zu erfinden, und ich mache mich dazu verbindlich. Mich dünkt, er vermenge die Schwierigkeit, Ideen zu bilden, mit der untergeordneten, neue zu bilden, die Schwierigkeit des Übergangs mit der Unerklärlichkeit des Stoffs. Ich erschrecke und erstaune über die verhüllte Allmacht, womit der Mensch seine Ideenreihe ordnet, d. h. schafft. Mir ist kein besseres Symbol der Schöpfung bekannt als die Regelmäßigkeit und Kausalität der Ideenschöpfung in uns, die kein Wille und kein Verstand ordnen und erzielen kann, weil eine solche Ordnung und Absicht die unerschaffene Idee ja – voraussetzte. Und in diese Schöpfung hüllt sich das erhabene Rätsel unserer moralischen Freiheit ein.

te im Grase nach dem silbernen versteinerten Funken: ich wundere mich, daß der Mensch allezeit gerade eine Sache an dem Orte, wo er ihren Verlust bemerkt, zu finden hofft. Die Kirwane guckte auf der betropften glänzenden Aue nach dem verlornen verhärteten Tautropfen: als ein lichter Demant vom ersten Wasser war er so leicht mit einem Taukügelchen zu verwechseln, daß ich, als ich eines in einer angesteckten Busenrose Nadinens glimmen sah, anmerkte: »Alles liegt voll weicher Demanten, und wer will den harten ausfinden? Der Tau in Ihrer Vorsteckrose glänzet so schön wie der ausgebrochene Stein.« Sie blickte darnach – und im Rosenkelche lag die gesuchte Perle. Man dachte, ich hätt' es gut gemacht; und ich ärgerte mich, daß ichs dumm gemeint – inzwischen wurde mir darüber doch Nadine nicht feinder, und das war Finderlohn genug.

Da um dieses bunte Rasenstück und Bienen-Zuckerfeld der Adour weniger einen Arm als einen Finger krümmte: so setzte sich die Sozietät unter die Bienen und Blumen hinein, und die Walzenträger legten vorher die Walzen hin. Nadine sagte spielend: »Wenn die Blumen Seelen haben, so müssen ihnen die Bienen, deren Ammen sie sind, wie liebe trinkende Kinder vorkommen.« – »Sie haben«, sagte Karlson, »solche Seelen wie die gefrornen Fensterblumen, oder der Baum von Petit[14] , den ich Ihnen einmal gezeigt, oder wie die Rauten des Vitriols oder die Pyramiden des Alauns.« – »Ach Sie zerstören immer, Herr Rittmeister,« (sagte Gione) – »ich und Nadine haben uns wirklich einmal ein Elysium für verstorbene Blumenseelen ausgemalt.« – »Ich«, sagte Wilhelmi ernsthaft, »nehme einen mittlern Zustand der Blumenseelen nach dem Tode an: die Lilienseelen fahren wahrscheinlich in weibliche Stirnen, Hyazinthen- und Vergißmeinnichtseelen in weibliche Augen und Rosenseelen in Lippen.« – Ich fügte bei: »Es kömmt der Hypothese sehr zustatten, daß ein Mädchen in der Minute, da es sich bückt und eine Rose bricht oder umbringt, von der übertretenden Seele merklich röter wird.«

Dann setzten wir froh und liebend unsere schöne Reise wieder fort. Nur in meinen Trage-Kollegen schienen Disteln- und Schlehen-

---

[14] Ein in Königswasser aufgelöstes Gold, mit einigen Loten Quecksilber vermengt, entsprießet in der Phiole zu einem Baum mit Laub.

seelen gefahren zu sein. Ihn verdroß das Ideenspiel und die Höflichkeit im Gefecht; Karlson gefiel ihm allein.

Der Kaplan sagte endlich zu mir: »Es ist überhaupt keine Unsterblichkeit darzutun als die der moralischen Wesen, bei denen sie ein Postulat der praktischen Vernunft ist. Denn da die völlige Angemessenheit des Willens zum moralischen Gesetz, die der gerechte Schöpfer nie erlassen kann, nie von einem endlichen Wesen zu erreichen ist: so muß ein ins Unendliche gehender Progressus, d. h. eine ewige Dauer diese Angemessenheit in Gottes Augen, der die unendliche Reihe überschauet, enthalten und zeigen. Daher ist unsere Unsterblichkeit nötig.«

Karlson stand bei Gionen still, um uns heranzulassen, und sagte: »Lieber kritischer Philosoph, benehmen Sie doch, ich bitte Sie, diesem Beweise die Kühnheit oder die Dunkelheit, die er für Laien hat. Wie, ist denn die Übersicht, d. h. die Endigung einer unendlichen, d. h. einer nicht endenden Reihe denklich? – Oder wie wollen Sie denn die Unendlichkeit der Zeit mit der Unendlichkeit der moralischen Foderung in Gleichung bringen und wie kann eine in eine unendliche Zeitreihe zerteilte Heiligkeit die göttliche Gerechtigkeit befriedigen, die in jedem Teil dieser Reihe diese Heiligkeit verlangen muß? Und ist denn die wachsende Approximation des Menschen zu dieser Reinheit erwiesen? Werden denn nicht in der endlosen Reihe mit den Tugenden die Fehler zwar nicht größer, aber doch vielzähliger? Und wie verhält sich in der göttlichen Übersicht die unendliche Reihe der Fehler zu der der Tugenden? Lassen wir auch das! Ist denn vor dem göttlichen Auge die moralische Reinheit zwei verschiedener Wesen, z. B. eines Seraphs und eines Menschen, oder zwei verschiedener Menschen, eines Sokrates und eines Robespierre, in zwei gleich langen, d. h. unendlichen Zeitreihen *gleich* vollendet? Wenn nun in der Übersicht zwischen beiden ein Unterschied nachbleibt, so ist die sogenannte Angemessenheit bei einem nicht erreicht – und es sollte also einer sterblich sein.«

Der Hauskaplan replizierte: »Überhaupt will Kant damit die Unsterblichkeit nicht demonstrieren: er sagt selber, sie sei uns darum so ungewiß gelassen, damit der reine Wille nur durch sich und durch keine eigennützigen Aussichten in die Ewigkeit bestimmet werde.« –

»Sonderbar!« sagte Karlson. »Da wir nun aber diese Endabsicht herausheben, so wäre sie ja eben dadurch verfehlt. Die Philosophen müßten es also wie ich machen und die Unsterblichkeit anfechten zum Vorteil der Tugend. - Es ist ein eigener Zirkel, aus der Unbeweislichkeit eines Satzes seine Wahrheit zu vermuten. Entweder die Unsterblichkeit ist darzutun - und dann ist die eine Hälfte Ihres Satzes nicht richtig - oder sie ist es nicht; dann ist der ganze falsch. Noch dazu: wenn der Glaube an sie die Tugend eigennützig macht: so tuts ja das Erleben derselben in der zweiten Welt noch mehr. - Schreckt denn überdies der Glaube an sie den gemeinen Mann von dem ab, was ihm der Beichtvater verbeut und vergibt? So wenig als der erste Schlagfluß den Trinker von dem Wege zum zweiten.«

504. Station

Blumen-Tändeleien.

Karlson ließ sich in fremde Gespräche ein, und Phylax war voll Ingrimm, daß er nicht siegen, oder doch streiten konnte: er wollte an mir die sokratische Hebammenkunst versuchen, aber er suchte nicht wie andere Accoucheurs vorher die Entbindungswerkzeuge warm zu machen: er hatte eine so harte ungefällige Manier. Ich sagte zu ihm, ich hätte dieselbe Meinung wie er, wiewohl nicht aus denselben Gründen, und wir wollten nachher vereinigt und einträchtig miteinander gegen den Rittmeister ausrücken und ausfallen.

Ich ging jetzt mit meinem seidenen Klöppel zu Nadinen, um ihr an einem Rosenbusche die fliegenden Lichtmagnete, die glänzenden Irrlichtchen der Nacht, die braunen Johanniswürmchen, zu zeigen, die sie nie am Tage gesehen: ich bevölkerte eine Schachtel damit zu einem lebendigen Feuerwerk auf abends. Der Zufall hatte einen glühenden Rosenzweig romantisch niedergebogen zwischen blaue Glockenblumen auf einen grün marmornen Grenzstein - sein Laub war gleichsam mit verkohlten Johanniswürmchen[15] schwarz ausgenäht - der Lilienkäfer hing wie eine goldne Stickerei an den bleichern reifen Rosen - langbeinige schillernde Mücken liefen über die Dornen - die Blumen-Täucher und Nektarien-Schatzgräber, die Bienen, bedornten die Rosenkelche mit neuen Stacheln - und die Schmetterlinge wiegten sich wie fliegende Farben, wie epikuräische Abblätterungen um die bunte Welt des Zweigs. - - Ich kann dir nicht sagen, wie der vom wilden Ganzen auf einen niedlichen Teil gesenkte Blick unsern Herzen und der weiten Natur ein wärmeres Leben gab. Wir fasseten von der großen Mutter des Lebens, wie Kinder vermögen, nichts an als die Finger statt der Hand und küßten sie. Gott war durch die Schöpfung Mensch geworden - wie eben dadurch für Engel ein Engel -, gleich der Sonne, deren glänzende Unermeßlichkeit die Maler sanft in die Schönheiten eines Menschenangesichts zerteilen.

---

[15] Die Männchen sind schwarz.

Wilhelmi sagte er nehme, um in ein Arkadien, in ein Eden abzufliegen, keine größern Schwingen dazu als die vier eines Schmetterlings - welches poetische paradiesische Sein, wie der Papillon ohne Magen und Hunger zwischen Blüten und Blumen zu gaukeln, keinen Winter, keine lange Nacht und keinen Orkan zu erleben, das Leben in der weichen Jagd nach einem zweiten Papillon zu verspielen, oder wie Kolibri mit Blumenfarben zwischen Zitronenblüten zu nisten, um blühenden Honig zu schweben und in einem seidenen Hängbette zu schwanken!

Wir gingen selig weiter, und jeder neue Schritt trieb ein berauschendes Blut hinauf zum erwärmten Ich. Ich machte mir nichts daraus, zum Kaplan zu sagen: »der Tempel der Natur habe sich für mich in einen Konzertsaal verwandelt - jede Vokalmusik in Instrumentalmusik - der wallende Adour in eine Wasserorgel - jeder Frosch in den Frosch am Geigenbogen - jede Zikade in eine Maultrommel - jede Flügeldecke in einen breiten besaiteten Flügel und die rufenden Raben in bekielende Rabenfedern« - - Phylax versetzte, er wisse ein wenig, was er von dithyrambischen Wellen zu denken habe, die der Körper wirft.

- Viktor! sollte nicht der Philosoph und die Philosophie den elektrischen Körpern nachahmen, die nicht nur *leuchten,* sondern auch *anziehen?* Freilich schmeckt immer der geistige Wein nach den Faßdauben des Körpers; aber Phylax' Seele scheint kaum geistig genug zu sein, um nur einer andern Seele zum - Körper zu dienen.

505. Station

Die Ephemere - über die relativen Schlüsse - Zweifel gegen die Länge der Wesenleiter - der Warzenfresser - die Kur

Die Sonne und das Tal fasseten uns mit lauter Brennspiegeln ein - und es war überhaupt gut, sich ein wenig satt zu sitzen und satt zu essen - und da gerade uns gegenüber ein Marmorbruch und dicht an der eisernen Felsenwand eine saftgrüne Trift und neben uns eine Ulmen-Gruppe um ein gleißendes vereinzeltes Häuschen war, so hielten wir darin um so viel Konsumptibilien an, als ein flatterhaftes sattes Quintett bedarf. - Die Frau vom Häuschen war allein (der Mann arbeitete wie die meisten Kampaner in Spanien) - vier Kinder trugen zu - es ging - unser Taschen-Eiskeller wurde aufgetan und damit die Seele erhitzt und der Magen gekühlt - der weißglühende Schlußstein des himmlischen Gewölbes weckte mit seinen Flammen den Mittagswind, der auf den kalten Gipfeln der Pyrenäen schlief. -

Dem armen Phylax schmeckte wenig oder nichts, ihm war daran gelegen, zu beweisen, daß er fortdauere. Glücklicherweise waffnete ihn der französische Wein immer besser gegen das französische System, und er fragte bei dem Baron höflich an: »Ich glaube dem Herrn Rittmeister noch manche Beweise der Unsterblichkeit schuldig zu sein: ich wünschte sie abtragen zu dürfen.« - Wilhelmi wies ihn an Gionen: »Hier fragen Sie!« Gione bewilligte die Bitte gern: »Warum sollen nicht Erinnerungen der Unsterblichkeit unsere Freuden ebenso verzieren als Sarkophage englische Gärten?« - Nadine warf die Frage dazu. »Wenn aber die Männer über die Hoffnungen der Menschen hadern: was bleibt den Weibern übrig?« - »Ihr Herz und die Hoffnungen, Nadine«, sagte Gione. »Die Eule der Minerva«, sagte lächelnd Wilhelmi, »soll wie andere Eulen Untergehen ansagen, wenn sie auf eine Dachung fliegt; ich hoffe aber, es ist nichts daran.« Ich setzte dazu: »An den Obeliskus der Unsterblichkeit ist ja das Leben aller unserer Geliebten, wie an Ramesses seinen[16] , gebunden, damit die Gefahr die Kraft verdoppelt, und sie werden zerschmettert, wenn er zurückstürzt.«

---

[16] Ramesses ließ seinen Sohn an die Spitze des Obeliskus hängen, damit die, welche ihn aufrichteten, ein größeres Leben als ihr eignes zu wagen hätten.

Karlson hatte unterdessen von der nächsten Ulme eine feste Eintagsfliege gezogen, die sich daran eingeklammert, um die letzte Haut, den letzten Über-Körper vor dem Tode abzuwerfen. Die Ephemere sollte nicht ein Sinnbild unserer *Vergänglichkeit*[17] , sondern unserer *Entfaltung* sein, da sie, wider die Art aller Insekten, sich noch einmal nach allen Verwandlungen, und schon mit Flügeln geschmückt, noch vor dem Sterben umkleidet. Er hielt sie uns vor und sagte: »Eine philosophische Eintagsfliege muß meines Erachtens so philosophieren: wie? ich sollte alle meine Entwicklungen vergeblich auf der Erde durchgelaufen sein, der Schöpfer hätte keine Absicht dabei gehabt, mich aus dem Ei zur Larve zu rufen, dann aus dieser zur Nymphe zu erheben und endlich zu einem fliegenden Wesen, dessen Flügel noch vor dem Tode einen vorletzten Überzug und ein Gehäuse sprengen, bei dieser langen Reihe von geistigen und körperlichen Entwicklungen hätte der Schöpfer nichts zur Absicht gehabt als ein sechsstündiges Sein, und die Gruft wäre das abhängige Ziel einer so langen Bahn?«

»Ihr Beispiel« - versetzte glücklich der Kaplan - »beweiset nur gegen - Sie: es ist ja eben petitio principii, bei der Ephemere die Sterblichkeit vorauszusetzen.«

Ich gestehe dirs, ich bin überhaupt relativen Schlüssen wie dem vorigen feind, weil sie der Wahrheit gerade so viel Abbruch tun als der Beredsamkeit Vorschub. Denn man kann damit gerade entgegengesetzte Sätze beweisen. Einen, den ein Sandkorn im Auge drückt, überführ' ich, daß er sowohl glücklich sei, da es auf der Erde Leute gebe, die an Blasen-Sandkörnern und Gries und an Höllensteinen leiden, als auch unglücklich, da sultanische Augen nichts Härteres drücke als etwan zirkassische Augenwimpern oder zwei rosenrote Lippen. So mach' ich die Erdkugel nicht nur groß - in Vergleichung mit Schnellkügelchen, Zibeth- und Giftkugeln und Bouillonkugeln -, sondern auch klein, wenn ich den Jupiter, die Sonne und die Milchstraße darnebenstelle. Wenn die Ephemere auf der Wesenleiter den glänzenden Entfaltungen der Wesen *über* ihr den Rücken kehrt und den unscheinbaren auf der restierenden Lei-

---

[17] Denn sie lebt über zwei Jahre, ob sie gleich ihre Entpuppung wie alle Insekten nicht lange überlebt, denen die Natur überhaupt die Rosenzeit der Jugend erst nach dem Dornenalter des nährenden Wühlens beschieden.

ter *unter* ihr nachzählt: so schwillt sie wieder auf. Kurz unsere oratorische Phantasie hält überall den Unterschied von Mehr und Weniger für einen des Etwas und Nichts. Aber jedem relativen Unterschied muß etwas Positives zum Grunde liegen, das aber nur unendliche Augen rein abwiegen, die die ganze Reihe der unübersehlichen Stufen messen. Sogar etwas körperliches Großes muß es geben, und wär' es am Ende die Welt: denn jede Vergleichung, jede Messung setzt ein unwandelbares Maß voraus. – Also ist die ephemerische Entwicklung eine wahre, und die Schlüsse aus jener sind völlig dieselben aus einer seraphischen: der Unterschied des Grades kann nicht *entgegengesetzte*, sondern nur *relative* Schlußfolgen gebären.

– Und hier will ich nur brieflich – denn gedruckt unterständ' ichs mich nie – einen Zweifel bekennen. Die Sprossen der Wesenleiter über unserm Kopfe hat noch niemand *gesehen*, die zu unsern Füßen keiner *gezählt:* wie, wenn jene kleiner, diese größer wären, als man bisher dachte? Die unendliche Standeserhöhung der Geister von Engel zu Erzengel, kurz die neun philosophischen Hierarchien sind noch nichts weiter geworden als – behauptet, aber bewiesen nicht. Der gewöhnliche Beweis, daß eine Gebirgskette geistiger Giganten den Abstand vom Menschen zum Unendlichen füllen müsse, ist falsch, da ihn keine Kette *verkürzt*, geschweige füllt; die Kluft behält immer dieselbe Weite – und der Seraph – d. h. das höchste endliche Wesen nach menschlichem Sprachgebrauch – muß sich ebenso viele, wenn nicht mehrere Wesen über sich denken als ich mir unter mir. Die Astronomie – diese Säemaschine der Sonnen, dieses Schiffswerft und Laboratorium der Erden – schiebt uns die *Verdoppelung* der Welten und Wesen als eine *Veredelung* derselben unter. Aber am ganzen Himmel hängen nur Erdschollen und Feuerklumpen, und alles ist darin von Milchstraße zu Milchstraße kleiner als der Wunsch und Wuchs in unserer Brust. Warum soll denn unsere Kugel allein, warum nicht jede andere im Steigen sich befinden, warum soll der Vorlauf einer Inaugural-Ewigkeit (a parte ante) ihnen mehr als uns zustehen und zufallen? Kurz, es lässet sich disputieren, Viktor, ob es im vollen All andere Cherubim und Thronen gibt als Viktor und Jean Paul. – Es ist mir selber kaum glaublich; aber die *melodische* Fortschreitung zu sublimierten Wesen hinauf wurde bisher doch wahrlich nur – *angenommen;* ich glaube an eine *harmonische*, an ein ewiges Steigen, aber an keine erschaffne Kulmination....

Ich vermute, Karlson wollte mir antworten - nicht über die Seraphe, sondern - über die Eintagsfliegen, als Nadine, die von ihm sich die Ephemere hatte leihen lassen, diese zu nahe vor das Auge hielt und dadurch unser mendelssohn-platonisches Kolloquium dämmte und störte. Denn Madame Berlier - so vornehm schrieb sich unsere flüchtige Haus- und Gastwirtin - trat vor Nadine und sagte: »Es ist schade für den Schmerz; Sie müssen die Warzenheuschrecke nehmen: ich habe Proben.« Verstehest du's? - Es ist so: der sogenannte Warzenfresser - eine Heuschrecke mit brünetten Flecken - nimmt die Warzen durch einen einzigen Biß darein in kurzem weg; Frau Berlier, über die, wie über alle südliche Insassen, die Schönheit eine größere Gewalt als Geschlecht und Eigenliebe hatte, war im Irrtum gewesen, Nadine wolle ihrer reizenden Gestalt mit der Fliege den letzten Flecken nehmen. - Kaum hatte der Hauskaplan etwas vom Warzentöter vernommen, als er sich ins Grün verschoß und eine Vorjagd nach Warzenheuschrecken antrat. Ich ärgerte mich, daß ich das Heilmittel so gut gewußt wie die Frau und daß mirs nicht eingefallen war; aber zu einem lumpigen Gleichnis hätt' ich mich recht gut auf das Mittel besonnen, nur zu keiner nützlichen Kur. Sein Glück erlaubte, daß er in kurzem mit einem geflügelten Warzen-Operateur wiederkam: er erregte meinen Neid. Als er ihn hingab in Nadinens Hand: hatte der eilfertige Phylax mit dem Brief- und Papierschwerer seiner Faust gleichsam in einer guten Glanzpresse den braungefleckten Gewächsschneider aus Versehen - totgeplätscht: das Kerbtier konnte in nichts mehr beißen. Ich lief sogleich nach einem zweiten Warzenfresser herum und sprang einem solchen Springer nach. Endlich bracht' ich einen an den Flügelspitzen gefasseten und zappelnden getragen und sagte, ich wollte den kleinen Dentisten so lange über der Warze halten, als er operierte und bisse. Unter dem Aktus pries ich meine Tat. »Jede große Handlung«, sagt' ich, »wird nur in der Seele in der Minute des Entschlusses getan - tritt sie heraus und wird vom Körper nachgespielt, der die Heuschrecke hält, so zerspringt sie in unbedeutende kleine Bewegungen und Terzien - aber wenn sie getan ist, wie hier der Biß, so wird sie wieder groß und strömt wachsend durch die Zeiten. So wirft sich der Rhein wie ein Riese von seinem Gipfel, zerreißet in Nebel, kömmt als Regen auf die Ebene, dann wächset er aus Wolken zusammen und zieht durch die Länder und trägt Sonnen statt der Regenbogen.«

Es braucht vor dir nicht verhehlt zu werden, daß michs angriff, da ich in zwei so lichte warme, gegen mich aufgetane Augen bis auf die Retina hineinschauen mußte, wobei ich des ganzen andern Kriegsschauplatzes von Locken und Lippen und Stirnen und der Waterloos-Landschaften der Wangen nicht einmal gedenke. Nadinens Ängstlichkeit vor den Zähnen des braunen Medikasters machte sich noch reizender und die Gefahr meiner Lage noch größer. Nach langem Halten, als ich dachte, die Operation sei schon vollendet, vernahm ich von ihr, die Heuschrecke habe gar noch nicht angebissen, weil ich sie drei oder vier Pariser Fuß zu weit von der Warze weghielt. Es ist wahr, ich hatte mich in ihre Netzhäute vertieft; aber es war noch wenig bemerkt worden, daß die Kur nicht zu vollenden sei, wenn ich nicht den Ballen der rechten Hand ein wenig auf ihre Wange aufsetzte und aufstemmte, um mit dem Warzenfresser fester über der Warze zu halten. Jetzt biß er die erfoderliche Wunde und ließ soviel von seinem korrosivischen Ätzmittel hineinlaufen, als er bei sich hatte. Ich lenkte Nadinens Schmerzen, die dem von einem Nadelstich beikamen, künstlich ab durch Philosophieren: »Der Mensch«, sagt' ich, »findet die stoischen Trostgründe gegen alle Schmerzen wahr und stark; nur gerade gegen den jetzigen nicht; und wenn er aus Stichwunden blutet, denkt er, Quetschwunden schließen sich leichter. Daher verschiebt er den Besuch der stoischen Schulstunden, bis seine Kreuzschule zugemacht sein wird. Ach aber dann steht man und wartet am Strome und will nicht eher hinübergehen, als bis er vorbeigelaufen ist. Wahre Standhaftigkeit hingegen steht gern den Biß der Heuschrecke aus und freuet sich über ihre Erprobung.« –

Dann war die Kur glücklich überwunden, die aber in mir leicht zu einer Krankheit umschlagen konnte. Gewiß ist, daß ihr nahes Gesicht mir eine größere Wunde machte als ich ihm durch den Warzenfresser. Ich würde besorgen und untersuchen, ob ihr nicht das meinige, das ebenso nahe war, ebensoviel Schaden getan habe, wäre nicht Nadine – auf das lass' ichs ankommen – außerordentlich jung: das Herz junger Mädchen lässet wie neue Wannen und Butten anfangs alles durchtropfen, bis es die Gefäße durch Schwellen behalten. – –

506. Station

Einwürfe gegen die Unsterblichkeit – die Einkindschaft des äußern und innern Menschen

Wir brachen auf. Durch den Himmel weheten nur hohe dünne Flocken, gleichsam das aufgelöset um die Sonne fliegende Haar, das sie nicht verhüllte. Der Tag wurde schwüler und stummer. Aber unser Steig lief unter eine grünende Bedachung hinein, und ein Zweig um den andern spannte einen Sonnenschirm aus breiten Blättern aus.

Gione bat: »Wollen wir auch im Gehen unser voriges Gespräch behalten.« Ach deine Klotilde sollte sie kennen! Gione hat, die Reize ausgenommen, die halbe Seele von ihr – aus ihrer äußern, und innern Harmonie schreiet kein Ton vor, ihre ernste warme Seele gleicht der Palme, die weder Rinde noch Zweige, aber auf dem Gipfel breites Laub und lange Blüten trägt. »Gione,« sagte Nadine, »sie machen uns mehr irre als fest.« – »Es hat«, versetzte sie, »noch niemand seine Meinung ausgesagt; man habe immerhin die festeste Überzeugung: durch die schöne Übereinstimmung mit einer fremden wird sie doch noch fester.« – »So wie«, fügte Myrtill bei (das bin ich), »die Wasserpflanzen mitten in ihrem Wasser doch vom Regen ebensowohl erquicket werden als die Landpflanzen.«

»Unser Gespräch«, sagte Wilhelmi, als wir gerade in die Sommernacht einer von Eichenschatten und Kaskaden gekühlten Grotte kamen, »passete besser unter eine totale Sonnenfinsternis – ich wollte, ich erlebte eine, wo sich der Mond prächtig vor die Mittagssonne hängt, wo der lärmende Tag auf einmal verstummt, wo die Nachtigallen schlagen, die Blumen zufallen, und wo es schauerlich tauet und nebelt und kühlt.«

Phylax hatte jetzt seinen Kanapeestrunk oder Polster in eine rieselnde Quelle springen lassen; Nadine hatt' es gesehen; aber um ihn nicht unter dem Herausziehen der Teichdocke zu verwirren, trieb sie mit einer reizenden Wärme uns auf das vorige Gespräch zurück. Nur der Weltton hat ihr eine spielende leichte, immer heitere Oberfläche gegeben – Gionens Stil hingegen ist wie der höchste griechische, nach dem Maler-Ausdruck, etwas mager und karg –, und die Visitenzimmer hatten sie, wie Mahagony-Schränke die Kleider, desto angenehmer gemacht; aber ihre äußern Reize widersprachen oder schadeten ihren innern nicht.

Ich sagte also zu Karlson: »Ich bitte Sie, erweisen Sie uns einmal die geistige Sterblichkeit, diese eigentliche Seelen-Mitraillade.« – »Das braucht« (sagte der fatale arkadische Phylax, den die feuchte Walze ärgerte) »der Herr Rittmeister gar nicht: nur der Bejahende muß beweisen.«

»Gut, gut«! sagt' ich, »ich nenne die Beweise Einwürfe, aber deren bring' ich wahrlich nicht mehr als zwei heraus – erstlich der Beweis oder Einwurf aus der gleichzeitigen Abblüte und Hinfälligkeit des Körpers und Ichs, zweitens der aus der absoluten Unmöglichkeit, die Lebensweise eines künftigen Lebens zu erforschen oder, wie der Herr Hauskaplan sagen mußte, in die übersinnliche Welt hinüberzusehen aus einer sinnlichen. Richten Sie jetzt selber, Herr Rittmeister, Ihre zwei einwerfenden Bomben in den Winkel der größten Wurfweite, der nach Hennert der von 40 Graden ist, nach Bezout aber erst der von 43°.«

Er stellte seine Bomben gut. Er zeigte, wie die geistige Dryade mit der körperlichen Baumrinde grüne, zerberste und verfliege – wie die edelsten Bewegungen sich an das mit Erdenblei oder Bleierde ausgegossene Schwungrad des Körpers schließen – wie Gedächtnis, Phantasie und Wahnsinn bloß vom Eidotter des Gehirns zehren, wie *Heldenmut* und *Sanftmut* sich in einem so entgegengesetzten Verhältnis gegen das Blut[18] befinden wie *Blutigel* und *Juden* – wie im Alter der innere und der äußere Mensch sich miteinander gegen die Grube krümmen, miteinander versanden und versteinern und gemeinschaftlich gleich Metallgüssen *langsam* erkalten und zuletzt gemeinschaftlich erstarren. Dann fragte Karlson, warum man denn, bei dieser immerwährenden Erfahrung, daß jede körperliche Einbiegung eine geistige Narbe grabe, und bei diesem unaufhörlichen Parallelismus des Körpers und der Seele, bloß nach dem letzten Riß und Bruch dieser alles wiedergeben wolle, was man mit jenem scheitern sah. Er sagte dann, was ich auch glaube, daß weder das Bonnetsche Unterziehkörperchen, noch das inkorporierte Platnerische Seelen-Schnür- *Leibchen* (das »zweite Seelen-Organ«) die

[18] Mit dem Blute verloren Helden den Mut, wie bekannt. Juden essen keines, wie ebenfalls bekannt.

Schwierigkeit der Frage mildere: denn da beide Seelen-Unterziehkleider oder Nachthosen und Kollets immer im Leben das gute und schlimme Schicksal des groben Körperüberrocks und Marterkittels teilten, und da an uns zweigehäusigen englischen Uhren das Gehwerk und das erste und zweite (Bonnetsche oder Platnersche) Gehäuse immer miteinander gelitten und gewonnen hätten: so sei es lächerlich, die Iliade der künftigen Welt in der engen Haselnuß des Reassekuranz-Körperchens aufzusuchen, das man vorher mit dem äußern groben Körper stehen und fallen sehen.

Ich bat ihn dann, die zweite einwerfende Bombe auch in den Winkel von 40° zu stellen. »Aber dann«, setzt' ich dazu, »wollt' ich mir wohl die Konzession einer langen Parlaments-Rede ausgebeten haben: nur lange Reden haben *Lebens-* und Reproduktionskraft, wie nach Reaumur nur lange Tiere sich am leichtesten nach Schnitten ergänzen.« Lange Menschen freilich, das fällt mir jetzt aus Unzer erst bei, leben kürzer als kurze.

Aber dazu, nämlich zum Beweise der Umhüllung der zweiten Welt, bedurfte Karlson wenig Zeit und Kraft: das Sonnenland hinter den Hügeln der Gottesäcker, hinter den Pestwolken des Todes liegt unter einer Totalfinsternis von zwölf Zollen oder von ebenso vielen heiligen Nächten bedeckt. Er tat nicht übel dar, welcher unendliche Sprung aus allen irdischen Analogien und Erfahrungen es sei, eine Welt zu hoffen - d. h. zu schaffen -, eine transzendente Schäferwelt, von der wir weder ein *Ab-* noch *Urbild* kennen, eine Welt, der nichts Geringers als Gestalt und Name und Atlas und Planiglob und ein Weltumsegler Vespucius Americus abgehe, für die uns weder Chemie noch Astronomie die Bestand- und Weltteile liefern wollen, ein Dunst-Universum, auf dem aus der entlaubten verdorrten Seele ein neuer Leib ausschlage, d. h. ein Nichts, auf dem sich ein Nichts beleibe...

O mein guter Karlson! wie konnte deine schöne Seele eine zweite Welt, die schon hienieden in die physische vererzet ist, wie lichte Kristalle in Gletscher, auslassen, nämlich die in unserem Geiste glühende Sonnenwelt der *Tugend, Wahrheit* und *Schönheit*[19] , deren

---

[19] Schönheit in jener Zusammensetzung nehm' ich allzeit in dem Sinn, den Schiller in seiner ästhetischen Kritik damit verknüpft, eine Preisschrift seines Genius

Goldader auf eine unbegreifliche Art den dunkeln schmutzigen Klumpen der Sinnenwelt glänzend durchwächset! –

Ich gab nun meine Antwort: »Ich will Ihre zwei Schwierigkeiten mildern, und dann will ich meine unzähligen gegen Sie vorführen. Sie sind kein Materialist[20] ; Sie nehmen also an, daß die geistigen und die körperlichen Tätigkeiten nur einander begleiten und gegenseitig erwecken. Ja der Körper ist die Tastatur der innern Harmonika durch alle Glocken hindurch. Man hat bisher nur die körperlichen Ripienstimmen zu den *Empfindungen* aufgezeichnet, z. B. das schwellende Herz und das trägere Blut bei der Sehnsucht – die Gall-Ergießung bei dem Zorn und so fort. Aber das Flechtwerk, die Anastomosierung zwischen dem innern und äußern Menschen ist so lebendig und innig, daß zu jedem *Bilde,* zu jeder *Idee* eine Nerve, eine Fiber zucken muß: man sollte die körperlichen Nachklänge auch bei dichterischen, algebraischen, artistischen, numismatischen, anatomischen Ideen beobachten und auf die Noten der Sprache setzen. Aber der Resonanzboden des Körpers ist weder die geistige Tonleiter noch ihre Harmonie; die Betrübnis hat keine Ähnlichkeit mit der Träne, die Beschämung hat keine mit dem in die Wangen gesperrten Blute, der Witz keine mit dem Champagner, die Vorstellung von diesem Tal hat nicht die geringste mit dem Dosenstück davon auf der Retina. Der innere Mensch, dieser verhüllte Gott in der Statue, ist nicht selber von Stein wie diese, in den steinernen Gliedern wachsen und reifen seine lebendigen nach einer unbekannten Lebensweise. Wir geben zu wenig darauf acht, wie der innere Mensch sogar den äußern bändigt und formt, wie z. B. Grundsätze den zornfähigen Körper, der nach der Physiologie von Woche zu Woche heftiger brennen müßte, allmählich kühlen und löschen, wie schon der Schrecken, der Zorn die zerreißende, auseinandergeschobene Textur des Körpers mit geistigen Klammern hielt. Wenn das ganze Gehirn gleichsam paralytisch und jede Fiber eingerostet und verquollen ist und der Geist Fußblöcke schleppt: so braucht er nur zu wollen (welches er jede Minute kann), es braucht nur einen Brief, eine frappante Idee: so ist ohne körperliche Hülfe

---

über die Schönheit, der hier, wie Longin über das Erhabene, der Maler und der Gegenstand zugleich ist.

20 Wär' ers aber gewesen: so würd' ich ihm den 9ten Schalttag pag. 224 im 3. T. des Hesperus vorgelesen haben.

das Fibern-Gehwerk und das geistige Repetierwerk wieder im Gang.«

Wilhelmi sagte: »Der Geist ist also eine Uhr, die sich selber aufzieht.« – »Irgendein Perpetuum-Mobile muß es ohnehin geben, weil sich alles schon seit einer Ewigkeit bewegt« (sagt' ich) – »die Sache ist aber, der Geist läuft entweder nie ab, oder er ist der Uhrmacher. Ich kehre wieder zur Sache.

Wenn eine zertriebene Pulsader in der vierten Gehirnkammer des Sokrates das ganze Land seiner Ideen unter ein Blutbad setzt: so werden zwar alle seine Ideen und seine moralischen Neigungen vom Blutwasser überdeckt, aber nicht zerstört, weil nicht die ertränkten Gehirnkügelchen tugendhaft und weise waren, sondern sein Ich, und weil die Abhängigkeit des Uhrwerkes vom Gehäuse in Rücksicht des Bestäubens usw. ja nicht die Identität von beiden oder gar den Satz beweiset, die Uhr bestehe aus lauter Gehäusen. Da die geistigen Tätigkeiten keine körperlichen sind, sondern ihnen bloß entweder *nach-* oder *vorgehen,* und da jede geistige so gut im Geiste als im Körper Spuren lassen muß: sind denn, wenn der Schlagfluß oder Alter die körperlichen weglöscht, darum auch die geistigen verloren? Unterscheidet denn der Geist eines *kindischen* Greises sich in nichts von dem Geiste eines *Kindes?* Büßet Sokrates' Seele, in Borgias Körper wie in ein Schlammbad eingescheidet, ihre moralischen Kräfte ein, und tauschet sie auf einmal ihre tugendhaften Fertigkeiten gegen lasterhafte aus? – Oder soll in der Ehe zur linken Hand, die, wiewohl ohne *Gütergemeinschaft,* zwischen Leib und Geiste ist, die eine eheliche Hälfte mit der andern nur gewinnen, nicht auch verlieren? Soll der ablaktierte Geist nur den blühenden, nicht auch den welkenden Körper verspüren? Und sollt' ers, so mußte die um ihn geschlagene Erde ihm, wie der Lauf unserer Erde den obern Planeten, den Schein des Stockens und Zurückgangs erteilen. Sollten wir einmal enthülset werden, so mußte es die langsame Hand der Zeit, d. h. das raubende Alter tun; sollt' einmal unsere Rennbahn nicht auf *einer* Welt auslaufen, so mußte die Kluft vor der zweiten allemal wie ein Grab aussehen. Die *kurze* Unterbrechung unsers Ganges durch das Alter und die *längere* durch das Sterben heben diesen Gang so wenig auf wie die *kürzere* durch den Schlaf. Wir halten beklommen wie der erste Mensch die *totale* Sonnenfinsternis des Schlummers für die *Nacht* des Todes, und diese für den *Jüngsten Tag* einer Welt.«

»Welches eben noch zu erweisen ist, ob ichs gleich selber glaube«, versetzte Phylax.

Aber nun schlossen neue Schönheiten meine Antwort und die 506te Station.

N. S. Heute hat man mir gesagt, der Kaplan habe erklärt, er habe absichtlich auf eines und das andere nichts erwidert, er wünsche aber, ich erschiene einmal damit in Druck, dann hoff' er seine Meinung zu äußern. Das möchte aber wohl der gute Mann nicht erleben, daß dieser Brief gedruckt wird, und er wird passen müssen.

507. Station

Der Diebstahl des Souvenirs - Antworten auf vorige Stationen - über die Auswanderung der Toten in fremde Planeten - die dreifache Welt im Menschen - die Klage ohne Trost - Siegel der Unsterblichkeit - das Lustschloß - die Montgolfieren - Entzückungen

Wenn es drei Uhr und einem wandernden ökumenischen Konzilium außerordentlich wohl und ein wenig warm ist und wenn gerade der schmalere Adour, der am Tal-Ende entquillt, sich um ein Erdzüngelchen ringelt und über den auf seinem Bette schlafenden Mond[21] seinen Silberflor zieht - wenn um die Erdzunge, diesen blumigen Ankerplatz, halb Wasserstück, halb bowling-green, eine breitlaubige Ahorn-Arkade wacht, unter der ein aus den Zweigen auf Rasen herausgeschlüpftes, mit Sonnenlicht vergoldetes Nachtstück zittert, das der rauschende bunte Streusand auf dem Buch der Natur, die Insekten, sticken - wenn das Hämmern in den glänzenden Marmorbrüchen und die lebendigen Alphörner, das blökende Weidevieh, und das Rauschen von den Wellen bis zu den Ähren und Gipfeln hinauf das Herz voll Lebensbalsam, den Kopf voll Lebensgeister gießet - und wenn so viel Schönheiten zu sehen und zu hören sind: so ist Schönheiten, welche gehen, damit gedient, daß sie sich auf die Erdzunge niedersetzen und daß die Polsterträger, die sie bedienen, vorher etwas zum Untersatz für die Arme unterbreiten.

Mein lieber Viktor, das wurde alles ins Werk gerichtet.

Im Sitzen schienen lange Reden nicht so tulich wie im Lauf; auch hatten sie schon vorher, als man mit den Augen sich diese Erdenge zum Lustlager abstach, etwas gelitten. Ich hielt mich auf dem Ufer - die Stiefel hingen über dem Adour - unweit Nadinen auf, die jetzt in dem vom Schatten getuschten Widerschein der Wellen ein herrliches bleiches Rot (als hätte sich eine Purpurschnecke auf der Wange verblutet) zeigen konnte. Der Gang und der rote Sonnenschirm waren zu grelle Koloristen gewesen.

---

[21] Die unter dem Wasser gemilderte nachgespielte Sonne.

Guter Bruder, ich schickte mich an, mich zu verlieben. Die operierte Warze wollte als Eckstein des Ärgernisses, als negative Elektrizität nicht viel sagen: Warzen haben ihr Gutes.

Nadine brach Flatterrosen und andere Blumen. Ich zog ein leeres Schmuckkästchen - es wurde wie der 9te Kurstuhl oder der Elias-Stuhl[22] oder der limbus patrum nicht besetzt - aus der Tasche und hielt es offen unter, mit der Bitte, die Blumen darein auszuschütteln und auszustoßen, damit ich die wenigen Skolopender[23] bekäme, die ohnehin wie die Talglichter mehr für das Auge als die Nase wären. Wir zogen ein ganzes Wormser Dreizehner-Kollegium von Feuerasseln aus den Blumenkelchen gefänglich ins Kästchen ein.

Unter dem Blumenspiel, das uns einander näherte, fiel mir ein ganzer verkleinerter Mai auf die Schneiderische Haut: ich sah mich nach den Blumen-Poren um. Es war nichts auszufinden, bis ich aus der linken Tasche Nadinens ein in Montpellier mit wohlriechenden Kräutern gefüttertes Souvenir vorgaffen sah. Eine Schöne bestehlen ist oft nichts Geringers als sie beschenken: ich hielt es für sachdienlich, Nadinen die riechende Schreibtafel heimlich zu entwenden, um nachher einen Flakon und einen Spaß daraus zu machen. Ich kartete das Spolium so, daß gerade der Baron meine kriechende Hand sah, als sie das Werkchen aus der Tasche holte.

»Aus dem Souvenir«, dacht' ich, »kann sich eine und die andere Szene entspinnen. Riechen kann man ohnehin daran.« Für den Diebstahl des Riechsäckchens hielt ich sie durch die Skolopender schadlos, deren Gefängnis ich auf der Stelle in ihre Tasche spielte. Der Baron war Zeuge.

Wilhelmi sagte, als wir aufstanden: »Abends sind wir durch die Wagen getrennt und betäubt; falls noch etwas auszumachen ist....«

»Etwas?« (versetzte Phylax) »Alles ist noch auszumachen. Sie haben jetzt, Herr J. P., zuvörderst die zweite Schwierigkeit zu heben.«

---

[22] Bei der Beschneidung setzen die Juden einen Stuhl für den Beschneider und einen für den Propheten Elias hin, der sich unsichtbar daraufsetzt.

[23] Skolopender oder Feuerasseln leuchten nachts; man muß sich hüten, sie nicht aus den Blumenkelchen mit den Düften ins Gehirn zu ziehen.

»Heben?« (fragt' ich) »die Decke einer ganzen künftigen Welt soll ich heben wollen? Ich komme ja erst hinein, und nicht daraus her. Aber eben diese Unähnlichkeit der zweiten Welt, diese inkommensurable Größe hat ihr die meisten Apostaten gemacht: nicht das Zerspringen unserer körperlichen Puppenhaut im Tode, sondern der Abstand unsers künftigen Lenzes vom jetzigen Herbst wirft so viele Zweifel in die arme Brust. Das sieht man an den Wilden, die das zweite Leben nur für den zweiten Band, für das Neue Testament des ersten halten und zwischen beiden keinen Unterschied annehmen als den zwischen Alter und Jugend; diese glauben ihren Hoffnungen leicht. Ihre *erste* Schwierigkeit, das Abspringen und Zerbröckeln der Körper-Glasur, entzieht gleichwohl den Wilden die Hoffnung nicht, in einer neuen Blumenvase wiederaufzukeimen. Aber Ihre *zweite* Schwierigkeit vermehret sich und die Zweifler täglich; denn durch die Menstrua und Apparate der wachsenden Chemie und Physik wird die zweite Welt täglich besser niedergeschlagen oder verflüchtigt, weil diese weder in einen chemischen Ofen noch unter ein Sonnenmikroskop zu bringen ist. Überhaupt muß nicht bloß die Praxis des Körpers, sondern auch die Theorie desselben, nicht bloß die *angewandte* Erdmeßkunst seiner Lüste, sondern auch die *reine* Größenlehre der sinnlichen Welt den heiligen, in sich zurückgesenkten Blick auf die innere Welt diesseits der äußern verfinstern und erschweren. Nur der Moralist, der Psycholog, der Dichter, sogar der Artist fasset leichter unsere innere Welt; aber dem Chemiker, dem Arzte, dem Meßkünstler fehlen dazu die Seh- und Hörröhre, und mit der Zeit auch die Augen und Ohren.

Im ganzen find' ich viel weniger Menschen, als man denkt, welche das zweite Leben entschieden entweder glauben oder leugnen: die wenigsten wagen es zu leugnen – da das jetzige dadurch um alle Einheit, Haltung und Ründung und Hoffnung käme –, die wenigsten wagen es anzunehmen – da sie über ihre eigne Verherrlichung erschrecken und über das Erbleichen der verkleinerten Erde –, sondern die meisten schwanken dichterisch nach dem Stoße alternierender Gefühle im Zwischenraum beider Meinungen auf und ab.

Wie wir Teufel leichter als Götter malen, Furien leichter als die Venus Urania, die Hölle leichter als den Himmel, so glauben wir auch leichter jene als diese, leichter das größte Unglück als das größte Glück: wie sollte nicht unser an Fehlschlagungen und Erdenketten gewöhnter Geist über ein Utopien stutzen, an dem die Erde scheitert, damit die Lilien derselben wie die Guernsey-Lilien das Ufer zum Blühen finden[24] , und das die gequälten Menschen errettet und befriedigt und erhebt und beglückt?

Ich komme zu Ihrer Schwierigkeit. Mich dünkt, sogar wenn einer das Grab für den Kommunikationsgraben bloßer verwandter Globen nähme, so sollte ihn seine Unwissenheit über die zweite Weltkugel nicht erschrecken, und wir dürfen darum, weil wir durch das tiefe Gewässer des toten Meers nicht durchblicken können, nicht schließen, daß sich die Gebirge der Menschheit nicht im toten Meere fortziehen, so wie alle Bergrücken unten auf dem Meeresboden weiterlaufen. Wie? der Mensch will *Welten* erraten, der keine *Weltteile* errät? Würde der Grönländer den Neger, den Wiener, den Dänen, den Griechen ohne Urbilder in seiner Gehirnkammer abschatten? Weissagt ohne Erfahrung das politische Genie sich die innere Versifikation des poetischen, der Abderit die Bauart des Weisen? – Würden wir nur *eine* von den Tiergestalten des hinabwärtssteigenden Anthropomorphismus erraten haben, der die Menschengestalt in allen Tieren nachdruckt und doch in allen verändert? Oder hätte ein unbeleibtes Ich, mit allen hiesigen Logiken und Metaphysiken in das vacuum postiert, je durch Denken *eine* Ader seiner *jetzigen* Verkörperung und Menschwerdung erdacht? –

»Was verneinen oder bejahen Sie denn eigentlich?« sagte Wilhelmi.

»Ich bejahe nur, daß deswegen noch nicht ein zweites Leben auf einem Planeten zu verneinen wäre, weil wir den Planeten nicht mappieren und die Einwohner nicht porträtieren können. Wir brauchen aber keinen Planeten.«

Der Baron sagte: »Ach, ich dachte mir oft die große Tour durch die Sterne so reizend! Es war die Lokation eines Schülers von einer Klasse zur andern – die Klassen sind hier Welten.«

---

[24] Die Guernsey-Lilie aus Japan hat ihren Namen von der Insel Guernsey, auf welche ein scheiterndes Schiff, das damit beladen war, sie ausschüttete und aussäete.

»Auf allen diesen Erden«, sagte der Rittmeister, »wirst du abgewiesen, wie auf unserer, wenn du ohne Körper hineinwillst. Durch welches Wunderwerk bekömmst du einen?«

»*Durch ein wiederholtes*,« (sagte ich) »denn den gegenwärtigen haben wir ja schon durch eines. Zum Vorteil der Planetenwanderung kann man noch sagen: unser Auge trennt die Welten zu sehr, deren jede nur *ein Element* des unendlichen zusammenwirkenden *Integrales* ist. Die verschiedenen Erden und Nebenerden über und um uns sind nur entferntere Weltteile; der Mond ist nur ein kleineres entlegneres Amerika, und der *Äther* ist das Weltmeer.«

»Das ist so,« sagte Nadine, »wie ich mir vor einigen Tagen die Einwohner eines Zitronenbaums dachte. Das Würmchen auf dem Blatt denkt etwan, es sei auf der grünen Erde, das zweite Würmchen auf der weißen Blüte glaubt sich auf dem Vollmond, und das auf der Zitrone denkt sich auf die Sonne.«

»Doch ist nur«, sagt' ich, » *ein* Baum des unermeßlichen Lebens. Wie um den Erdkern weitere und feinere Umfassungen gehen, die Erde, die Meere, der Luftkreis, der Äther, so umschlingt den Riesen einer Welt ein immer größerer mit längern Armen. Das längere Band ist das feinere, wie die Lichtmaterie und Anziehungskraft, die schöne Umschlingung dehnet sich weicher von Eisenringen zu Perlenschnüren aus bis zu Blumenketten und Regenbogen und Milchstraßen.«

»Wollen wir wieder von der Milchstraße herab,« (sagte Karlson:) »denn wir können eben nicht hinauf. Eben diese allgemeine Einheit des Universums schließet das Durchschwärmen der Emigranten aus der Erde aus: jeder Planet ist mit seiner Schiffsmannschaft schon bevölkert; dichtere Planeten, z. B. der Merkur, mit wahren Matrosen.«

»Ganz wie es Kant vermutet!« sagte Phylax.

»Feinere lockere, wie z. B. der Uranus, mit den zartesten Wesen, vielleicht bloß mit Schönen und Charitinnen, die ohnehin die Sonne nicht lieben. Wer den sogenannten Geist oder Spiritus rektifizieren will, indem er ihn aus dem Brennkolben eines Planeten in den andern überzieht, der kann ebensogut versichern, daß die Geister aus dem verschlackten Merkur in einer Destillation durch Niedersteigen in unsere Erde ihre Dephlegmation erhalten, kurz daß die Erde die zweite Welt für Merkur und Venus ist – ja die Verstorbenen aus den Polarzonen könnten (es wäre destillatio per latus) in die gemäßigten fahren. Denn auf allen Planeten können am Ende doch nichts sein als gröbere oder feinere *Menschen*[25] wie wir.«

Karlson wartete auf Widerlegung und Kontraapprochen. Ich sagte aber, seine Meinung sei völlig die meinige.

»Ich habe noch einen stärkern Grund« (fuhr ich fort) »gegen die Auswanderung und voyage pittoresque durch Planeten: weil wir in unserer Brust einen Himmel voll Sternbilder tragen und verschließen, für den keine beschmutzte Weltkugel weit und rein genug ist. Aber darüber muß ich wenigstens so lange reden dürfen, bis wir alle Weizenfelder hindurch sind.«

Viktor, unser Luststeig war jetzt eine Allee durch Zaubergärten: unser Durchgang durch ein grünes Meer von Ähren wurde auf beiden Seiten von einem gelobten Lande umgeben und begleitet, auf dem vereinzelte Häuser unter gruppierten Laubhainen ausruhten, wie in Italien nachmittags die Sieste-Schläfer zerstreuet auf beschatteten Auen. Es wurde mir Ausführlichkeit verstattet.

»Es gibt eine innere, in unserem Herzen hängende Geisterwelt, die mitten aus dem Gewölke der Körperwelt wie eine warme Sonne bricht. Ich meine das innere Universum der *Tugend*, der *Schönheit* und der *Wahrheit*, drei innere Himmel und Welten, die weder Teile, noch Ausflüsse und Absenker, noch Kopien der äußern sind. Wir erstaunen darum weniger über das unbegreifliche Dasein dieser drei transzendenten *Himmelsgloben*, weil sie immer vor uns schweben, und weil wir töricht wähnen, wir *erschaffen* sie, da wir sie doch bloß *erkennen*.[26] – Nach welchem *Vorbild*, mit welcher *plastischen Natur* und *woraus* könnten wir alle dieselbe Geisterwelt in uns hineinschaffen? Der Atheist z. B. frage sich doch, wie er zu dem Riesen-Ideal einer Gottheit gekommen ist, das er entweder bestreitet oder

[25] Denn die klimatischen Unterschiede der Planeten müssen zwar wie die klimatischen Verschiedenheiten unserer Zonen Neger, Pescherähs, Griechen, aber doch immer Menschen geben.

[26] Man sollte daher nicht sagen mundus intelligibilis, sondern mundus intellectus.

verkörpert. Ein Begriff, der nicht aus verglichenen Größen und Graden aufgetürmt ist, weil er das Gegenteil jedes Maßes und jeder gegebenen Größe ist: - kurz der Atheist spricht dem *Abbild* das *Urbild*[27] ab. - Wie es Idealisten der äußern Welt gibt, die glauben, die Wahrnehmungen machen die Gegenstände - anstatt daß die Gegenstände die Wahrnehmungen machen -, so gibt es Idealisten für die innere Welt, die das *Sein* aus dem *Scheinen*, den Schall aus dem Echo, das Bestehen aus dem Bemerken deduzieren, anstatt umgekehrt das Scheinen aus dem Sein, unser Bewußtsein aus Gegenständen desselben zu erklären. Wir halten irrig unsere *Scheidekunst* unserer innern Welt für die *Präformation* derselben, d. h. der Genealogist verwechselt sich mit dem Stammvater und Stammhalter

Dieses innere Universum, das noch herrlicher und bewunderungswerter ist als das äußere, braucht einen andern Himmel als den über uns und eine höhere Welt, als sich an einer Sonne wärmt. Daher sagt man mit Recht nicht die zweite Erde oder Weltkugel, sondern die zweite *Welt*, d. h. eine andere jenseits des Universums.«

---

[27] Man sage immerhin, mit dieser Wendung werde jedes Utopien, das auch ein Abbild sei, realisiert: denn das Urbild aller Träume, Severambenländer, Utopien etc. existiert auch wirklich - wiewohl stückweise; hingegen das Urbild des Unendlichen kann nicht stückweise existieren.

Gione unterbrach mich jetzt schon: »Und jeder Tugendhafte und jeder Weise ist zugleich auch ein Beweis, daß er ewig lebe.« – »Und jeder,« fügte Nadine schnell hinzu, »der unverschuldet leidet.«

»Ja, das ists,« sagt' ich gerührt, »was unsere Lebenslinie durch die lange Zeit hindurchzieht. Der Dreiklang der Tugend, der Wahrheit und der Schönheit, der aus einer Sphärenmusik genommen ist, rufet uns aus dieser dumpfen Erde heraus und rufet uns die Nähe einer melodischen zu. *Wozu* und *woher* wurden diese *außerweltlichen* Anlagen und Wünsche in uns gelegt, die bloß wie verschluckte Diamanten unsere erdige Hülle langsam zerschneiden? Warum wurde auf den schmutzigen Erdenkloß ein Geschöpf mit unnützen Lichtflügeln geklebt, wenn es in die Geburtsscholle zurückfaulen sollte, ohne sich je mit den ätherischen Flügeln loszuwinden?« –

Wilhelmi sagte bewegt: »Ich träume selber gern im Schlafe dieses Lebens den Traum von einem zweiten. Aber könnten unsere schönen geistigen Kräfte nicht uns zur *Erhaltung* und zum *Genusse* des jetzigen Lebens verliehen sein?«

»Zur *Erhaltung*?« (sagt' ich) »Also wurde ein Engel in den Körper gesperrt, um der stumme Knecht und Einheizer und Frater Kellner und Frater Küchenmeister und Türwärter des – Magens zu sein? Waren nicht Tierseelen imstande, die Menschenleiber auf den Obstbaum und auf den Tränkherd auszutreiben? Soll die ätherische Flamme den körperlichen Kanonen- oder Zirkulierofen mit Lebenswärme bloß gehörig ausbrennen und backen, den sie ja verkalkt und auflöset? Denn jeder Erkenntnisbaum ist der Giftbaum des Körpers und jede Verfeinerung eine langsame *Kelchvergiftung;* aber umgekehrt ist das Bedürfnis der eiserne Schlüssel zur Freiheit – der Magen ist der mit Düngersalz gefüllte Treibscherben der Blüte der Völker – und die verschiedenen tierischen Triebe sind nur die erdigen beschmutzten Stufen zum griechischen Tempel unserer Veredelung.

Zum *Genusse*, sagten Sie noch – d. h. wir bekamen zum Futter des Tiers den Gaumen und Hunger des Gottes. Der Teil, der an uns von Erde ist und der auf Wurmringen kriecht, ja dieser lässet sich allerdings wie der Erdwurm mit Erde füllen und mästen. Die Arbeit, der körperliche Schmerz, der Heißhunger der Bedürfnisse und der Tumult der Sinne verdrängen und ersticken bei Völkern und Ständen

den geistigen Herbstflor der Menschheit: alle jene Bedingungen der irdischen Existenz müssen erst abgetan sein, ehe der innere Mensch die Forderungen für die seinige machen kann. Daher kömmt den Unglücklichen, die noch die Geschäftsträger des Körpers sein müssen, die ganze innere Welt nur wie ein Luft- und Spinnengewebe vor, wie einer, der nur in die elektrische *Atmosphäre* anstatt an den *Funken* selber gerät, durch ein unsichtbares Gespinst zu greifen meint. Ist aber einmal unser notwendiger *Tierdienst* vorbei, der bellende innere Tierkreis abgefüttert und das Tiergefecht ausgemacht: dann fodert der innere Mensch seinen Nektar und sein Himmelsbrot, der sich, wenn er nur mit Erde abgespeiset wird, alsdann in einen Würgengel und Höllengott verwandelt, der zum Selbstmord treibt, oder in einen Giftmischer, der alle Freuden verdirbt.[28] Denn der ewige Hunger im Menschen, die Unersättlichkeit seines Herzens, will ja nicht *reichlichere,* sondern *andere* Kost, nur Speise statt Weide: bezöge sich unser Darben nur auf den Grad, nicht auf die Art, so müßte uns wenigstens die Phantasie einen *Sättigungsgrad* vormalen können; aber sie kann uns mit der gemalten Auftürmung aller Güter nicht beglücken, wenn es andere als Wahrheit, Tugend und Schönheit sind.«

»Aber die schönere Seele?« sagte Nadine. Ich antwortete: »Diese Unförmlichkeit zwischen unserem Wunsche und unserem Verhältnis, zwischen dem Herzen und der Erde bleibt ein *Rätsel,* wenn wir dauern, und wäre eine *Blasphemie,* wenn wir schwinden. Ach wie könnte die schöne Seele glücklich sein? Fremdlinge, die auf *Bergen* geboren sind, zehret in *niedrigen* Gegenden ein unheilbares Heimweh aus – wir gehören für einen höhern Ort, und darum zernaget uns ein ewiges Sehnen, und jede Musik ist unser Schweizer-Kuhreigen. Am Morgen des Lebens sehen wir die Freuden, die den

---

[28] Dieses gilt am meisten von den höhern und reichen Ständen, worin bei so vielen die Saturation der fünf Kamelmägen der fünf Sinne und die Verhungerung der Psyche sich mit einem ekelhaften Ekel am Leben und mit einer widrigen fleischlichen Vermischung höherer Wünsche und niederer Lüste beschließet. Der Wilde, der Bettler, der Kleinstädter übertreffen sie weit am Sinnengenuß, da an diesem wie an den Häusern der Juden (zum Andenken des ruinierten Jerusalems) immer etwas unvollendet gelassen werden muß und da eben Arme noch zu wenige Foderungen des erdigen Menschen befriedigt haben, um von den Foderungen des ätherischen überlaufen und gepeinigt zu werden.

bangen Wunsch der Brust erhören, von uns entfernt aus späten Jahren herüberschimmern; haben wir diese erreicht, so wenden wir uns auf der täuschenden Stätte um und sehen hinter uns das Glück in der hoffenden kräftigen Jugend blühen und genießen nun statt der *Hoffnungen* die *Erinnerungen der Hoffnungen*. So gleicht die Freude auch darin dem Regenbogen, der am *Morgen* vor uns über den *Abend* schimmert und der *abends* sich über den *Osten* wölbt. - Unser *Auge* reicht so weit als das *Licht*, aber unser Arm ist kurz und erreicht nur die Frucht unsers Bodens.«

- »Und daraus ist zu folgern?« fragte der Kaplan.

»Nicht daß wir unglücklich, sondern daß wir unsterblich sind und daß die zweite Welt in uns eine zweite außer uns fodert und zeigt. Ach was könnte man über dieses zweite Leben, dessen Anfang schon so klar im jetzigen ist und das uns so sonderbar verdoppelt, nicht sagen! Warum ist die Tugend zu erhaben, um uns selber und - was noch mehr ist - *andere* (sinnlich-) glücklich zu machen? Warum nimmt mit einer gewissen höhern Reinheit des Charakters das Unvermögen zu, der Erde, wie man sich ausdrückt, Nutzen zu schaffen, wie es nach Herschel Sonnen gibt, denen Erden fehlen? - Warum wird unsere Brust von dem langsamen Fieberfeuer einer unendlichen Liebe für einen unendlichen Gegenstand ausgetrocknet und ausgehöhlt und endlich gebrochen und nur von der Hoffnung gelindert, daß diese *Brustkrankheit* wie eine physische einmal die *Eisstücke* des Todes überdecken und heben?« -

»Nein,« sagte Gione mit einem bewegtern Auge als Tone, »es ist kein Eis, sondern ein Blitz - wenn das Herz als Opfer auf dem Altare liegt, so fällt das Feuer vom Himmel und zerlegt es, zum Beweis, daß ihm das Opfer wohlgefallen.«

Ich weiß nicht, warum sie gerade mit dieser beruhigten Stimme meine ganze Seele - nicht bloß meine Schlußkette - so schmerzlich zerriß. Sogar Nadinens Augen, die über die eignen Erinnerungen siegten, wurden durch die schwesterlichen naß, und sie hob - ob sie gleich sonst ekler und furchtsamer als Gione ist - vorübergehend von einem Kartoffelstock, der aus einem Garten herausstand, einen großen, unter dem haarigen Laube hängenden Nachtschmetterling ab und zeigte ihn uns mit einem festen Munde, den ein Lächeln erweichen sollte. Die Phaläne war der sogenannte Totenkopf; ich strich die wie an einem Geier gesenkten Flügel und sagte: »Sie ist aus Ägypten gebürtig, dem Lande der Mumien und Gräber, und trägt selber ein memento mori auf dem Rücken und ein Maestoso und Miserere im Klage-Rüssel.«

»Inzwischen ist sie ein Schmetterling und befliegt ihre Nektarien, und das wollen wir Tagvögel auch tun«, sagte gut Wilhelmi; aber gerade dieses Wort nahm er mir ordentlich aus dem Mund.

Auf Gionens Angesicht stand wieder sinnende Ruhe, und sie wurde mir durch die Stille ihres Grams unendlich schön und groß. Du sagtest einmal: die weibliche Psyche muß nie, obwohl glühendzerstochen, krampfhaft mit den Flügeln um sich schlagen, weil sie sonst, wie andere Schmetterlinge, den Schmuck derselben zerschlägt; ach wie wahr ist das! – –

Nadinens Augen glänzten selten, ohne endlich zu tropfen, und jede wehmütige Regung hielt lang' in ihrem Herzen an, eben weil sie sich vorher lange vor ihr hütete. Sie glich überhaupt den Quellen, die die entgegengesetzte Temperatur der Tagszeit annehmen und die gerade der kühlende Abend erwärmt. Sie sagte gerührt zu mir (und suchte mit ihrer Hand in ihrer linken Tasche): »Ich kann Ihnen Verse zeigen, die Ihre Prosa beweisen.« Unter dem Suchen und Stehen blieb sie und ihr Führer, Wilhelmi, zurück. Er erriet eher als ich, daß sie mir aus ihrem Souvenir etwas geben wolle. Er nahm sogleich, als sie statt desselben mein Skolopender-Gefängnis herausbrachte, verbindlich das Wort: »er habe zwar nicht mit den Händen, aber doch mit den Blicken zum Diebstahl mit geholfen und bitte als Hehler um Gnade.« Die ernste Stimmung vertrug kaum die ernste Entschuldigung dieser Unbedachtsamkeit; ich sagte: »Ich wollte einen mehr vergeblichen als verzeihlichen Scherz einleiten; aber ich....« Sie schlug mir, ohne mich ausreden zu lassen, weich und unverändert – ich rechne ein strafendes und ein vergebendes Lächeln ab – das Blatt im aromatischen Buche auf, das des edeln Karlsons Trauergedicht auf den Untergang der hohen Gione enthielt, dessen prosaischen Nachhall ich dir aus meinem prosaischen Gedächtnis hier willig gebe:

Die Klage ohne Trost.

»Was ist das für ein Gewölke, das wie die Wolken der Wendekreise nur von *Morgen* gegen *Abend* fliegt und dann untergeht? Es ist die Menschheit. – Ist das der Magnetberg, mit den Nägeln angerissener zerbrochener Schiffe überdeckt? Nein, es ist die große Erde, von den Knochen zertrümmerter zerfallner Menschen bestreuet.

Ach warum hab' ich denn geliebt? Ich hätte nicht so viel verloren.

Nadine, gib mir deinen Schmerz: denn die milde Hoffnung ist darin. Du stehest neben deiner zermalmten Schwester, die unter dem Leichenschleier zerrinnt, und blickest auf zu den zitternden Sternen und denkst: droben da wohnst du, Gute, und auf den Sonnen finden wir die Herzen wieder, und die kleinen Tränen des Lebens sind vergangen.

Aber meine stehen fest und brennen im wunden Auge fort. Meine Zypressen-Allee ist nicht *offen* und zeigt keinen Himmel. Das Menschenblut malet auf den Leichenmarmor die flüssige Gestalt, die ein Mensch genannt wird, wie Öl auf Marmortafeln zu Wäldern gerinnt: der Tod wischt den weichen Menschen weg und lässet den Grabstein zurück. Ach Gione, ich hätte einen Trost, wärest du nur weit von uns allen in eine bewölkte Wüste geworfen, oder in die Schachte der Erde, oder hinauf in die entfernteste Welt des Äthers – aber du bist vergangen, du bist vernichtet. Deine Seele ist gestorben, nicht nur deine Hülle und dein Leben.

O sieh her, Nadine, hier auf dem Richtplatz der Zeit liegt mit der Totenfarbe der Geisterwelt der zerknirschte Engel. Unsere Gione hat alle ihre Tugenden verloren, ihre Liebe und Geduld und ihre Stärke und ihr ganzes großes Herz und den weiten reichen Geist: der Wetterstrahl des Todes hat den Diamant zerschmolzen, und die wächserne Statue des Körpers zerfließet nun langsam unter der Erde.

Nimm die schöne Hülle eilig weg, Schlange der Ewigkeit, die, wie die große Schlange, den kleinen Menschen anfangs vergiftet und endlich verschlingt.

Aber ich, Gione, stehe noch stark mit dem unvernichteten Schmerz, mit der unvernichteten Seele an deinen Ruinen und denke dich weinend, bis ich verschwinde. Und meine Trauer ist edel und tief, denn sie hat keine Hoffnung.

Mit der Sonne steige gleich dem Neumond[29] deine unsichtbare Schatten-Gestalt am Himmel herauf in meinem Geist!

Und das Schöpfrad der Zeit, das mit unzähligen Herzen aufsteigt und sie voll Blut schöpft und das sie ins Grab ausleeret und sterben lässet, gieße meines nur zögernd aus: denn ich will lange um dich Schmerzen haben, du Vergangene!«

*

Ich kann dir nicht sagen, geliebter Viktor, wie abscheulich und gräßlich mir der ewige Schnee eines vernichtenden Todes jetzt neben der edeln Gestalt vorkam, die er überdecken sollte; wie abscheulich der Gedanke: diese nie beglückte unschuldige Seele hätte der letzte Tag, wenn Karlson recht hatte, aus den Gefängnissen über der Erde in das dumpfe unter ihr geführt. Der Mensch trägt seine Irrtümer wie seine Wahrheiten zu oft nur in Wortbegriffen und nicht in Gefühlen bei sich; aber der Bekenner der Vernichtung stelle sich einmal statt eines sechzigjährigen Lebens eines von 60 Minuten vor und sehe dann zu, ob er den Anblick geliebter edler oder weiser Menschen als zweckloser stundenlanger Lufterscheinungen, als hohler dünner Schatten, die dem Lichte nachflattern und im Lichte sogleich zerfließen und die ohne Spur und ohne Weg und Ziel nach einem kurzen Schwanken hinaus in die alte Nacht verrinnen, ob er diesen Anblick ertragen könnte: nein, auch ihn überschleicht immer die Voraussetzung der Unvergänglichkeit, sonst hinge immer über seine Seele, wie an dem heitersten Himmel über Muhammed, eine schwarze Wolke, und unter der Erde liefe überall mit ihm wie mit dem Kain[30] ein ewiges Beben.

Ich fuhr fort, aber alle Schlüsse waren jetzt zu Gefühlen verdichtet: »Ja dann, wenn alle Wälder dieser Erde Lusthaine wären, alle Täler Kampaner, alle Inseln selige, alle Felder elysische und alle Augen heiter, ja dann – – nein, und auch dann hätte der Unendliche unserm Geist durch diese Seligkeit den Eid ihrer Dauer getan – aber jetzt, o Gott, da so viele Häuser Trauerhäuser, so viele Felder

[29] Der Neumond geht allezeit mit der Sonne, obwohl ungesehen und verfinstert auf.

[30] Das erste ist eine christliche Sage, das andere eine rabbinische.

Schlachtfelder, so viele Wangen bleich sind, da wir vor so vielen welken - roten - zerrissenen - und geschlossenen Augen vorübergehen: o! könnte jetzt die Gruft, dieser rettende Hafen, bloß der letzte einschlingende Strudel sein? Und wenn endlich nach tausend tausend Jahren unsere Erde an der nähern Sonnenglut ausgestorben und jeder lebendige Laut auf ihr begraben wäre, könnte da ein unsterblicher Geist auf die stille Kugel niederschauen und den leeren Zeremonien- und Leichenwagen ziehen sehen und sagen: ›Drunten flieht der Kirchhof des armen Menschengeschlechts in die Krater der Sonne - auf dieser Brandstätte haben einmal viele Schatten und Träume und Wachsgestalten geweint und geblutet, aber nun sind sie alle längst zerschmolzen und verraucht - fliehe hin in die Sonne, die auch dich auflöset, stumme Wüste mit deinen eingesognen Tränen und mit dem vertrockneten Blute!‹ - Nein, der zerstochene Wurm darf sich emporkrümmen gegen den Schöpfer und sagen: ›Du hast mich nicht zum Leiden schaffen dürfen.‹«

»Und wer gibt dem Wurm das Recht zu dieser Forderung?« fragte Karlson.

Gione sagte sanft: »Der Allgütige selber, der uns das Mitleiden gibt und der in uns allen spricht, um uns zu beruhigen, und der ja allein in uns die Ansprüche an ihn und die Hoffnungen auf ihn erschaffen hat.«

Dieses schöne sanfte Wort, mein Viktor, konnte gleichwohl nicht alle Wellen meiner erschütterten Seele legen. Aus einem Hause in der Ferne hauchten uns Turteltauben zitternde, aus der Seele gezogne Klagestimmen nach. Um meine innern Augen voll Tränen versammelten sich alle die Gestalten, deren Herzen ohne Schuld und ohne Freuden[31] waren, die hienieden keinen einzigen Wunsch erreichten und die, unter dem Frost und Schneegestöber des Verhängnisses erlebend, sich, wie Menschen im Erfrieren, nur *einzuschlafen* sehnten - und alle die Gestalten, die zu sehr geliebt und zu viel verloren haben und deren Wunde nicht eher geneset, als bis sie der Tod erweitert, wie eine zerborstene Glocke so lange den dumpfen Ton behält, bis man den Riß vergrößert - und die nächsten Gestalten neben mir und so viele andere weibliche, deren zartere Seele das Schicksal gerade der Marter am meisten, wie die Narzissen dem Gott der Hölle, widmet. Auch deine wahre Bemerkung kam dazu, daß du nie das Wort *Schmerz* und *Vergangenheit* vor einem weiblichen Wesen ausgesprochen, ohne ein leises Seufzen über das Bündnis dieser zwei Worte aus der leidenden Brust zu hören, weil die Weiber in dem engern Spielraum ihrer Plane und mit ihren idealischern, mehr auf fremden als eignen Wert gebauten Wünschen tausendmal mehr Fehlschlagungen zu zählen haben als wir.

Die Sonne sank immer tiefer auf die Gebirge nieder, und Riesenschatten stiegen, wie Nachtraubvögel, aus ihrem ewigen Schnee kalt zu uns herein. Ich nahm mit heißer Hand Karlsons seine und sah ihm mit nassen Augen in sein männlich-schönes Angesicht und sagte: »O Karlson, auf welche blühende große Welt werfen Sie einen unermeßlichen Leichenstein, den keine Zeit abwälzt! Sind zwei

[31] Es gibt dreierlei Menschen: einigen wurde in diesem Leben ein Himmel beschert, andern ein limbus patrum, worin ungefähr Freude und Trauer einander gleich wiegen, und endlich einigen eine Hölle, worin der Gram vorwiegt. Menschen, die zwanzig Jahre auf dem Krankenbette voll körperlicher Schmerzen lagen, die die Zeit nicht abstumpft wie geistige, diese waren doch gewiß mehr unglücklich als glücklich und würden, ohne Unsterblichkeit, ein ewiger Vorwurf für das höchste moralische Wesen bleiben. Und gibt es keinen solchen Unglücklichen, so steht es doch in der Gewalt eines Tyrannen, auf einer klinischen Marterbank unter der Assistenz eines Arztes und eines Philosophen einen solchen zu machen. Wenigstens dieser hätte dann auf eine außerweltliche Vergütung seiner Leiden Anspruch, weil der Ewige kein Wesen, das sich mehr betrübt als freuet, entstehen lassen darf.

Schwierigkeiten[32] , die sich noch dazu nur auf eine *notwendige Unwissenheit* des Menschen gründen, hinreichend, einen Glauben zu überwältigen, der tausend größere Schwierigkeiten allein auflöset, ohne den unsere Existenz ohne Ziel, unsere Schmerzen ohne Erklärung und die göttliche Dreieinigkeit in unserer Brust drei Plagegöttinnen und drei fürchterliche Widersprüche bleiben? – Vom gestaltlosen Erdwurm bis zum strahlenden Menschenangesicht, vom chaotischen Volke des ersten Tages bis zum jetzigen Weltalter, von der ersten Krümmung des unsichtbaren Herzens bis zu seinem vollen kühnen Schlag im Jüngling geht eine pflegende Gotteshand, die den innern Menschen (den Säugling des äußern) führt und nährt, ihn gehen und sprechen lehrt und ihn erzieht und verschönert – und warum? damit, wenn er als ein schöner Halbgott sogar mitten in den Ruinen seines veralteten Körper-Tempels aufrecht und erhaben steht, die Keule des Todes den Halbgott auf ewig zerschlage? Und auf dem unendlichen Meere, worin der kleinste Tropfenfall unermeßliche Kreise wirft, auf diesem hat ein lebenslanges Steigen des Geistes und ein lebenslanges Fallen desselben einerlei Folge, nämlich das Ende der Folgen, die Vernichtung.[33] Und da mit unserm Geiste nach demselben Grunde auch die Geister aller andern Welten fallen und sterben müssen und nichts auf der von dem *Leichenschleier* und der *Trauerschleppe* überhüllten Unermeßlichkeit übrig bleibt als der ewig säende und niemals erntende einsame Weltgeist, der eine Ewigkeit die andere betrauern sieht: so ist im ganzen geistigen All kein Ziel und Zweck, weil der in ein Universum aus suk-

---

32 Nämlich die Unwissenheit über unsere Verbindung mit dem Körper und die über die Verbindung mit der zweiten Welt.

33 Man wende nicht den jährlichen Untergang der lang entwickelten schönen Blumenwelt des Frühlings ein; denn für die körperliche Welt ist ein jedes Verhältnis ihrer Teile so gleichgültig und vollkommen als das andere, und Rosenasche ist so gut als (ohne Rücksicht auf eine organische Seele) Rosenblüte: Nichts ist schön als unsere Empfindung des Schönen, nicht der körperliche Gegenstand. – Wollte man noch einwerfen: »Wie viele Entwicklungen unterdrückt überhaupt die Natur, zu denen sie schon alle Anstalten vorgeschaffen, wie viele tausend Eier knickt sie entzwei, wie viele Knospen zerreißet sie, wie viele Menschen auf allen Stufen des Lebens erquetscht ihr blinder Tritt!« so sag ich: die abgebrochenen Entwicklungen werden doch zu Bedingungen der vollführten veredelt; ferner für körperliche Gegenstände ist jede Stellung ihrer Teile gleichgültig, und als Hüllen geistiger Wesen zeugen sie eben für eine – kompensierende Unsterblichkeit der letztern.

zedierenden oder sukzessiven Ephemeren, in eine unsterbliche Legion aus Sterbenden zerteilte und zertragene Zweck der Entwicklung ja keiner für die verschwundnen Ephemeren, höchstens für die letzte wäre, die nie kommen kann.[34] – Und alle, alle diese Widersprüche und Rätsel, wodurch nicht bloß alle Wohllaute, sondern alle Saiten der Schöpfung zerrissen werden, müssen Sie annehmen, bloß weil sich zwei Schwierigkeiten, die unsere Vergänglichkeit *ebensowenig* auflöset, vor Sie stellen.... Geliebter Karlson, in diese Harmonie der Sphären nicht über, sondern neben uns wollen Sie Ihren ewig schreienden Mißton bringen! Sehen Sie, wie sanft und gerührt der Tag geht, wie erhaben die Nacht kömmt – o dachten Sie nicht daran, daß unser Geist glänzend einmal ebenso aus der Grube voll Asche steigen werde, da Sie einmal den milden und lichten Mond groß aus dem *Krater* des Vesuvs aufgehen sahen?...«

– Die Sonne stand schon rot auf den Gebürgen, um sich ins Meer zu stürzen und in die neue Welt zu schwimmen. Nadine umfing unendlich gerührt die Schwester und sagte: »O wir lieben uns ewig und unsterblich, gute Schwester.« Karlson rührte zufällig die Saiten der Laute an, die er trug; Gione nahm sie mit der einen Hand und gab ihm die andere und sagte: »Unter uns allen werden Sie allein von diesem tristen Glauben gequält – und Sie verdienen einen so schönen!«

Dieses Wort der verhüllten Liebe stürzte sein lang gefälltes Herz um, und zwei heiße Tropfen wanden sich aus den geblendeten Augen, und die Sonne vergoldete die reinen Tränen, und er sagte, in-

---

34 Mich dünkt, von dieser Seite ist der Wahn der geistigen Mortalität noch nicht genug beschauet worden. Das lebendige oder geistige Weltganze kann als solches – denn das leblose hat keinen andern Zweck, als ein Mittel für das lebendige zu sein – keinen Zweck erreichen, als den jeder Teil davon erreicht, weil jeder ein Ganzes ist und weil jedes andere Ganze nur in der zusammenfassenden Idee und nicht wirklich existiert. Um die Unstatthaftigkeit einer durch verschwindende Geisterreihen laufenden Vervollkommung lebhafter anzuschauen, kürze man nur die Lebenszeit eines Geistes so weit ab, daß er z. B. nur eine Seite in Kants Kritik durchbringt und dann vergeht. Für die zweite Seite entsteht ein zweiter Geist und so überhaupt 884 Geister für die neue Auflage. Jener Irrtum wurde vielleicht den meisten durch das zunehmende Monden-Licht der Aufklärung geläufig, das allmählich über die nacheinander entschlafenden Jahrhunderte aufsteigt; aber eben die Notwendigkeit des Ersatzes fordert die Unsterblichkeit.

dem er nach dem Gebürge hinüberschauete: »Ich kann keine Vernichtung ertragen als nur meine - mein ganzes Herz ist Ihrer Meinung, und mein Kopf wird ihm langsam folgen.«

Lasse mich nun nicht mehr eines andern Mannes erwähnen, den ich so oft getadelt habe.

Wir standen gerade vor einem Schlosse, worin, des Abendscheins ungeachtet, alle Fenster sich von Girandolen versilbern und (wenn es dunkler geworden) vergolden ließen. Oben über der italienischen Platteforme desselben hingen *zwei* Montgolfieren, die eine am westlichen, die andere am östlichen Ende, gefesselt im Äther. Ohne diese schönen Globen, in denen sich gleichsam die zwei herrlichen im Himmel, der Mond und die Sonne, wiederholten, hätt' ich im Glanz höherer Szenen diese nähern kaum bemerkt.

O Teuerster, wie schön war die Stelle und die Zeit! Die Pyrenäen ruhten groß, halb in Nächte, halb in Tage gekleidet, um uns und bückten sich nicht, wie der veraltende Mensch, vor der Zeit, sondern erhoben sich ewig; und ich fühlte, warum die großen Alten die Gebirge für Giganten hielten. Die Häupter der Berge trugen Kränze und Ketten von Rosen aus Wolken gemacht; aber sooft sich Sterne aus dem leeren tiefen Äthermeer herausdrängten und aus den blauen Wellen glänzten, so erblichen Rosen an den Bergen und fielen ab. Nur das Mittagshorn schauete wie ein höherer Geist lange der tiefen einsamen Sonne nach und glühte entzückt. Ein tieferes Amphitheater aus blühenden Zitronenbäumen zog uns mit Wohlgerüchen auf die eingehüllte Erde zurück und machte aus ihr ein dunkles Paradies. Und Gione drang voll stillem Entzücken in ihre Lautensaiten, und Nadine sang den gleitenden Tönen leise nach. Und die Nachtigallen wachten in den Rosenhecken am Wasser auf und zogen mit den Tönen ihres kleinen Herzens tief in das große menschliche, und glimmende Johanniswürmchen schweiften um sie von Rose zu Rose, und im spiegelnden Wasser schwebten nur fliegende Goldkörner über gelbe Blumen. - Aber da wir gen Himmel sahen, schimmerten schon alle seine Sterne, und die Gebirge trugen statt der Rosenketten ausgelöschte Regenbogen, und der Riese unter den Pyrenäen war statt der Rosen mit Sternen gekrönt. - - O mein Geliebter, mußte dann nicht jeder entzückten Seele sein, als falle von der gedrückten Brust die irdische Last, als gebe uns die Erde aus ihrem Mutterarm reif in die Vaterarme des unendlichen Genius – als sei das leichte Leben verweht? – Wir kamen uns wie Unsterbliche und erhabener vor, wir wähnten, das Sprechen über die Unsterblichkeit habe bei uns, wie bei jenen zwei edeln Menschen[35] , den Anfang der unsrigen bedeutet.

Plötzlich wurden wir von den vielfachen Armen eines harmonischen Stroms, der mit Lebenstönen durch das Lustschloß rauschte, gefasset und ins Leben zurückgeführt. Durch eine Musik in allen Zimmern wurde Gionen angesagt, wem dieses Schloß gehöre: sie drückte sanft und dankbar die Hand ihres Wilhelmi, und wir wurden alle erweicht, aber alle beglückt.

Allein der Sturm der neuen Freuden konnte, da wir in die glänzenden Zimmer traten, nicht die alten verwehen: wir konnten die große Nacht um uns noch nicht entbehren, wir stiegen auf die Platteforme heraus, um auf diesem kleinen Thron zu den höhern Thronen der Schöpfung unter dem unendlichen Thronhimmel näher aufzuschauen, wiewohl für die gerührte Seele Knien ein höheres Steigen gewesen wäre.

Droben standen Nachtviolen in einem Treibkasten, die Gionens Namen durch blühende Farben schrieben: ich dachte an die gefangnen Johanniswürmchen und Skolopender. Jene ließ ich als verworrene goldne Sternbilder auf die Rosenhecken hinunterfliegen, und mit den ausgegossenen Feuerwürmern setzte ich Gionens Namensblumen in schöne kalte Flammen.

Gione schauete sehnsüchtig zur östlichen Montgolfiere hinauf. Wilhelmi verstand sie. Ihr Geist war ebenso kühn als still, sie hatte schon viele Zauberhöhlen der Erde und die Zinnen der Alpen besucht: sie wollte mit der Kugel aufsteigen und in dieser herrlichen Nacht über diese herrliche Gegend mitten im Himmel schweben; aber der Genuß der nächtlichen Aussicht war doch ihr Endzweck nicht allein. Wilhelmi fragte sie, wer sie begleiten sollte; sie bat nur um Einsamkeit. Die Breite und Tiefe der Barke unter dem Globen

---

35 Raffael starb, da er die Verklärung vollendet hatte; und der genialische Hamann starb mitten unter dem Drucke einer Abhandlung »über Verklärung und Entkörperung«.

und ein Stuhl darin und die Seile, die ihn steigen und wiederkehren ließen, nahmen alle Gefahr hinweg.

Sie ging einsam wie eine Himmlische empor unter die Sterne - die Nacht und die Höhe warfen ein Gewölke über die aufziehende Gestalt - ein oberes Wehen wiegte diese blühende Aurora und deckte mit der schwankenden Göttin ein Sternbild ums andere zu - Plötzlich trat ihr fernes erhöhtes Angesicht in einen hellen überirdischen Glanz hinein; es stand leuchtend, wie das eines Engels, im Nachtblau gegen die Sterne erhoben! Wilhelmi und Karlson ergriff ein ungewöhnlicher Schauder, ihnen war, als sähen sie die Geliebte wieder von sich ziehen, vom Flügel des Todesengels getragen. Der Mond hinter der Erde, der seine Strahlen früher hinauf an die Sterne als herunter auf die Erdenblumen warf, hatte sie so himmlisch verklärt.

Als sie wieder zu uns kam, waren ihre Augen von gestillten Tränen rot - und sie war eben aufgestiegen, um in einer verhüllten Minute näher an den Sternen alte schwere Tränen einsam zu vergießen. O die Himmlische! sie lächelte sonderbar im Schlummer dieses Lebens über höhere Freuden, als die hiesigen sind, wie etwan schlafende Kinder lächeln, weil sie Engel sehen.

Jetzt wurd' es mir unmöglich, meine Sehnsucht nach den Sternen und meine Bitte um das Einschiffen dahin zurückzuhalten. Ich erhielt von einer willigen Güte die westliche Kugel. Nadine, durch die Wiederkehr der unversehrten Schwester und durch den Teilnehmer der Gefahr verwegner, betrat mit ihrer gewöhnlichen auflodernden Wärme das Schiff, um das dürstende Herz an der majestätischen Unermeßlichkeit der Nacht zu laben. - -

- Und nun zogen uns die Sonnen empor. Die schwere Erde sank wie eine Vergangenheit zurück - Flügel, wie der Mensch in glücklichen Träumen bewegt, wiegten uns aufwärts - die erhabene Leere und Stille der Meere ruhte vor uns bis an die Sterne hin - wie wir stiegen, verlängerten sich die schwarzen Waldungen zu Gewitterwolken und die beschneieten beglänzten Gebirge zu lichten Schneewolken - die auftreibende Kugel flog mit uns vor die stummen Blitze des Mondes, der wie ein Elysium unten im Himmel stand, und in der blauen Einöde wurden wir von einem gaukelnden Sturm gleichsam in die nähere schimmernde Welt des Mondes geblendet gewiegt.... und dann wurd' es dem leichtern Herz, das hoch über dem schweren Dunstkreis schlug, als flatter' es im Äther und sei aus der Erde gezogen, ohne die Hülle zurückzuwerfen. –

Plötzlich stockte unser Flug – wir blickten hinunter in das von der Tiefe und der Nacht verschlungene Tal, und nur die Lichter des Schlosses schimmerten zusammenfließend hinauf – eine westliche Wolke hing vor uns in Gestalt einer weißen Nebelbank, und ein schwarzer Adler glitt wie ein Todesengel von Morgen vorüber und durchschnitt die lichte Wolkensäule und suchte seinen Gipfel – und ein kaltes Wehen zog uns spielend gegen die Insel aus Dunst – das *Abendrot* war schon gegen Mitternacht unter der Erde fortgezogen und wandelte über das geliebte Frankreich als künftige *Aurora*... O wie richtete sich der innere Mensch unter den Sternen auf und wie leicht wurde über der Erde das Herz...

Auf einmal stiegen unten aus dem schimmernden Schlosse leise Harmonien herauf, und unsere Geliebten riefen uns mit gedämpften Echos zurück.... Und da Nadine hinuntersah, brach ihr das einsame Herz vor Sehnen nach den teuern Menschen – und da sie in das lange versilberte Tal hinüberblickte, worüber der Mond hereingewälzet war, und da unter seinen flatternden Folien die zitternden Wasserfälle glommen und die rinnenden Bögen des Stroms und die grünenden Marmor-Torsos und die weißen Steige zwischen Ulmen und Ähren und die ganze zauberische Bahn unsers heutigen Tages: so strömten helle und glänzende Tränen unverhüllt aus ihren sanften Augen, und sie blickte mich gleichsam mit der Bitte um Nachsicht und Verschweigen an und sagte erschütternd: »Wir sind ja doch so weit von der harten Erde!«

Und als unsere kleine Kugel zu den schillernden Auen und hellern Tönen zurückgezogen wurde: sah sie mich fragend an, ob ihre Augen noch Spuren der Tränen zeigten. Sie trocknete sie schneller, aber vergeblich. Wir sanken schweigend hinunter. Ich nahm ihre brennende Hand und sah ihre fortweinenden Augen. Aber ich konnte nichts sagen...

– Und wie könnt' ich denn jetzt noch etwas sagen, du Geliebter!

Erklärung der Holzschnitte

unter den zehen Geboten des Katechismus Historische Einleitung

Die Offiziere - der Taufengel - der Kirschkern - das Konterfei

Da in meinen Tagen jeder etwas herausbringt und entdeckt - entweder einzig-mögliche Beweise - oder Nebelflecke - oder Sonnenflecke - oder Fleckkugeln - Jakobiner - ganze Inseln - die Flora und Fauna dazu - neue Luftarten - neue Theorien - Stücke von Livius - von Afrika - kurz alles: so wußt' ich nicht, was ich daraus machen sollte, daß ich allein auf meinem Sessel saß und nichts entdeckte, nicht einen neuen Fleischring an einem Leberwurm, geschweige einen am Saturn. - Dieser Verdruß ist vorbei: ich reihe mich nun an die Perlengarnitur der Entdecker dieses Säkuls noch vor dem Abschlusse desselben munter mit an.

Im Juni des vorigen Jahres bereisete ich Sachsen. Ich sah mich in Wittenberg unter den merkwürdigsten Merkwürdigkeiten als Reisender um und observierte zwei durch die Stadt laufende Bäche - namens die frische und die faule Bach - und einige eingefallne Schutthaufen aus dem siebenjährigen Krieg und einen Taufengel ohne Kopf. Meine Marschroute bestimmte mich dann nach *Bleesern*, einem Vorwerk an der Elbe, eigentlich bloß nach einer Wiese darneben, auf der ich dem jährlichen Juni-Wettrennen zusehen wollte.

Ich hatte ungefähr noch einige Kartaunenschüsse nach Bleesern, als ich hinter mir zwei Stimmen vernahm: »Zehen Paar Strümpfe hab' ich wenigstens gestrickt, seit ich Major bin.« - »Und wie lange bin ich Lieutenant und habe mein halbes Dutzend fertig bis auf ein paar Fersen?« Ich schauete mich nach den Offizieren um und wurde gewahr, daß der Major zweimal so lang war wie mein Arm und der Lieutenant etwan einen Schuß länger als meine Badine. Ich ließ diesen blau gekleideten Nachtrab heran und verwickelte ihn in ein Gespräch mit mir, um die niederstämmige Soldateska über eines und das andere auszufragen, was gedruckt werden konnte.

Man fragt höflicher *wohin* als *woher* (sogar sich, wenn man philosophiert): auch nach Bleesern gingen beide, der Major tats, um mit wettzurennen, und den Lieutenant hatte eine liebende Waffenbrüderschaft ihm nachgetrieben. Beide Offiziere waren, wie jeder Regimentsstab und jede Prima Plana, so sanft und still, so frei von Prätensionen, sprachen so wenig von Siegen über Damen und über Feinde, daß ich innerlich sagte: scharmante Kinder!

»Woher?« fragt' ich endlich. »Aus Annaburg.« Und ich hätt' es nicht gebraucht, hätt' ich Herrn Leonhardi[36] vorher und nicht erst nachher gefragt. Aus dem Soldaten-Knabeninstitut waren beide. - Möcht' es nie längere Majore und Gemeine geben als die Annaburger, die keinem Menschen Haut oder Rock abskalpieren, sondern ihn vielmehr von Fuß auf bekleiden mit der Stricknadel und die zwar an hölzernen Beinen eine Freude haben, aber nur damit sie ihnen Strümpfe anversuchen! - Ach man muß wohl in den fröhlichsten historischen Einleitungen darauf kommen, wenn man erlebt, daß die Geierkralle des Kriegs der Tasterzirkel unserer Kugel wird und daß man zur Karte des Kriegsschauplatzes nichts weiter braucht als den Atlas. Übrigens ist freilich niemand besser bekannt als mir, daß - wie im Philanthropin zu Marschlins den Knaben wegen einer Ungezogenheit die Strafe vorgeschrieben wurde, solche fortzusetzen - daß ebenso das Schicksal den Menschen für ihre vorigen barbarischen Tiergefechte und wilde Riesenkriege die Pönitenz auflegt, sie am hellen Tage der Aufklärung fortzusetzen; aber ist es nicht hart, daß das achtzehente Jahrhundert als Souffredouleur der vorigen durch den Fortsatz ihrer Fehler den Schein der Barbarei annehmen muß?

Ich und die Herren Offiziere langten so früh in Bleesern an, daß man noch zehn Wettrennen hätte halten können; aber das erste war schon - gehalten zur herzlichen Freude des Majors. Denn seine Schwester, zu der er sich von mir begleiten ließ, hatte obgesiegt. Den Bleesernern, den Neurodern, Trebnitzern, Züllsdörfern ist es etwas Altes, daß der Pursch durch einen Kurierlauf einen bordierten Federhut und das schnellfüßigste Mädchen einige Ellen Seide erläuft; aber dem Publikum ist es neu genug. Der schwesterlich gesinnte Major war zufrieden, daß seine Familie - wie eine fürstliche - statt des *Siegers* doch eine *Siegerin* aufwies.

---

36 Leonhardis Erdbeschreibung von Sachs. I. Teil. In diesem nützlichen Institut avancieren die Knaben nach der Würdigkeit, nicht nach der ancienneté.

Aber wichtiger scheint das für das Publikum zu sein, wozu das Bisherige nur einleiten sollte, daß nämlich ein hölzerner alter Haubenkopf am Fenster stand, um welchen das ersiegte Seidentuch gebunden war. Der Kopf hatte eine sanfte Bildung, die Stirn war aufgeschlossen, die kleine Nase ein wenig gebogen, das hölzerne Haar hing zwar nicht lockig, aber weich an den Ohren nieder wie an manchen Engeln von Guido. – Und zuletzt erfuhr ich, daß es wirklich ein Engelskopf war. Denn zufälligerweise steckte ich den Daumen, als ich diesen Zensors-Kopf der weiblichen Köpfe aufhob, in dessen Schlund, und mir schwebte dunkel vor, ich wiederhole irgend etwas. Als mir freilich die Triumphatorin sagte, daß ihr Vater Küster in der »Löffelkirche« in Wittenberg gewesen, so fiel mir leichtlich ein, daß ich dem dasigen abgedankten dekollierten Taufengel meinen Daumen wie einen Knochen in den Schlund gesteckt und daß dieser Hauben-Wardein oder -Kopf auf dem geköpften Engel gesessen, den wahrscheinlich ein Bombensplitter der Reichsarmee anno 1760 darum gebracht. Die Lauferin sagte mir: der Kopf bringe dem ganzen Hause Segen, und sie hätte keinen Fetzen erlaufen, hätte sie nicht unterwegs immer an ihn gedacht.

Inzwischen kam mir der infulierte Kopf bald aus meinem, und ich langte in Dresden an. Die Musik zwischen den Akten oder die Zwischenakte bleiben weg; ich eile sogleich zu interessantern Dingen und erzähle, daß ich in Dresden herumging und sowohl das achte Zimmer als den Zwinger[37] besah. Es wird davon gesprochen, daß mich das achte Zimmer mit seinem Miniatur-Eldorado und Juwelensteinbruch auf Samtschwarz nicht in dem Grade begeistert habe, den sich die Dresdner davon versprachen, es wird aber wenig erklärt. Aus dieser Sache ist zu kommen, wenn man überlegt, daß der Harlekin im Kabinett neben dem fünften Zimmer, dessen Leib aus *einer* Perle besteht, oder ein einziger Peitschenstock aus Juwelen, isoliert in zwei Zimmern aufgestellt, die größte Wirkung tun müßten, daß aber so aus allem nur ein dumpfes, gegen die Objekte *gleichgültiges* Staunen werden kann, sobald man eine Juwelen-Daktyliothek, ein Portativ-Ophir vor sich sieht. Ich kann nicht sagen, wie abgeschabt und bleich mir einmal der Karlsd'or vorkam –

[37] Das achte Zimmer ist das juwelenreichste im grünen Gewölbe, der Zwinger ist ein eiförmiger Palast voll Naturalien und Kunstsachen.

womit ich zu Frege in Leipzig ging, um ihn da gegen Viertelsdukaten umzusetzen –, als ich bei dem Bankier nicht goldhaltige Berge, sondern völlige goldne stehen sah. Ebenso machten mich Schwesternhäuser, Nonnenklöster und Frankfurter Krönungstage kälter gegen Weiber und nichts gegen Bücher kühler als die göttingische Bibliothek, deren bloßer Katalog schon 80 Bände füllt, so daß ein Mensch, der gleich nach der Geburt sich darübermachte und zu lesen anfinge, in jedem Jahre seines 80jährigen Lebens so viel Werke durchlaufen muß, daß ihr Katalog selber eines gibt.

Hingegen der Dresdner Zwinger machte mir das Herz viel leichter; und es lässet sich denken, wenn man hört, was mir dort auf einem Kirschkern aufstieß. Wenigen geographischen Gelehrten ist nämlich der ikonologische Kirschkern unbekannt, den der Dresdner Zwinger den Fremden zeigt und den eine Wesenkette von 85 eingeschnittenen Gesichtern durchgräbt. Auch mir wurde der Kern gewiesen; und vorher das nötige Brenn- und Vergrößerungsglas dazu eingehändigt, ohne das keiner die 85 Physiognomien aus ihren hüpfenden Punkten und Rogen ausbrütet; aber hinter dem Brennglas sproßte aus dem figurierten Kern eine ganze Samenschule und Ahnenreihe auf.

Inzwischen war mir nichts frappanter darauf als das 70ste Gesicht. Mir war, als duz' es mich; ich schwur, ich kenne es. Endlich verfiel ich darauf, als schon einige Gassen mich vom Glase und vom Kerne getrennt hatten, daß die 70ste Physiognomie weiter keine andere sei, als die ich schon am abgeschossenen Seraphskopf in Bleesern gesehen. Leser, die nach Dresden gehen und welche die gegenwärtigen Reden und die künftigen in Holz geschnittenen Kniestücke dieser wenigen Bogen im Kopfe behalten, diese können, wenn sie im Zwinger bis zum 70sten Gesicht des Kernes zählen, dann leicht sehen, was an der Sache ist. Dazuzusetzen hab' ich nichts, als daß neulich einer im Reichsanzeiger eine Iconologia Lutheriana feilgeboten, d. h. eine Sammlung von 575 verschiednen Porträts, die man von Luthers Gesicht gemacht und die kaum auf ein halbes Dutzend Dresdner Kirschkerne zu bringen wären. Allein jeden großen Mann zeichnet oder verzeichnet die blinde Zeit fünfhundertundfünfundsiebzigmal, und er braucht, um der Nachwelt nicht einseitig abgeliefert zu werden, wenigstens 6 Kerne. Gewisse Gesichter, wie Luthers I. und Friedrichs II., werden niemals getroffen und niemals unkenntlich gemacht; und ich sah den alten edlen König des 18ten Jahrhunderts oft in Schenken auf Farbenpferden reiten, die nur ihn tragen konnten, und mit physiognomischen Farbenklecksen, die nur er tragen durfte.

Von Dresden ging ich nach Weimar. Überhaupt hatte ich auf der ganzen Reise wenig mit Bergmäusen und Lichtstrahlen gemein, die immer gerade fortgehen. Es ist hier nicht der Ort, von Weimar, dieser literarischen Pfalz- und Munizipalstadt, worin eine Dreieinigkeit von drei größern Weisen schimmert, als je ein Stern aus Morgenland führte, von dieser Insel *Barataria*, in die jeder Sancho Pansa einreitet, der nur einmal eine zweite Auflage erlebte, es ist hier, sag' ich, nicht der Ort – anderswo eher –, mehr von dieser heiligen Stadt zu sagen, als daß ich ins sogenannte französische Schlößchen ging, um die herzogliche Bibliothek zu beschauen. Unterwegs sah ich jeden Plasterstein, worauf ich trat, für die Musaik eines klassischen Boden an.

Ich stand nicht lange in der Bibliothek, als mir ein freundlicher Haus- und Zwischengeist den Herrn *Hirsching* samt dessen Beschreibung von Bibliotheken in den Kopf setzte, in der ich gelesen hatte, daß der Bibliothek mit einer Sammlung aller Katechismen von Magister Binder, Pfarrer zu Mattstädt, ein Meßpräsent gemacht worden. Ich fragte nach der Magister Binderischen Katechismen-Kollektion und wurde vor sie hingeführt.

Es muß ein Erzengel gewesen sein oder der Engel der literarischen Gemeine, dem gerade die Veredlung des gegenwärtigen Opus ein besonderer Gefallen war, welcher mir unter dem herumtappenden Ausklauben gerade den ältesten kleinen lutherischen Katechismus für Baireuth und Ansbach in die Hände schob. In diesem lag vornen schwach eingeleimt ein Buchbinderblatt, worauf ich die Physiognomie, die ich an dem Taufengel in Bleesern und dem Kirschkern in Dresden angetroffen, voll Erstaunen wiederfand. Das Kniestück war mit Dinte und Feder und weder aus Punkten noch Strichen noch Bögen, sondern aus krausen Schnörkeln gezeichnet. Ich verfiel auf das 20ste Heft von *Meusels* Miszellaneen, das mir erzählet hatte, daß ein gewisser Sebastian Sachs das Porträt eines zu Pferde sitzenden Fürsten durch biblische Kernsprüche, nämlich durch die Buchstaben derselben glücklich dargestellt, daß er unten eine Stadt angebracht, deren Erdreich der 90te und 95te Psalm pflastert oder zeichnet usw. Und wem kann aus *Keyßlers* Reisen unbekannt sein, daß in der mailändischen Bibliothek das Abendmahl Christi so geschickt mit der Feder abgezeichnet ist, daß die Gesichter und Haare der Gäste nicht bloß die Passion, das Vaterunser und den Glauben, sondern auch das Konfiteor, Beatus vir, Laudate pueri, Magnifikat und ansehnliche Stücke aus dem Psalter skizzieren? –

Aber das Porträt blieb unleserlich. Zufällig waren einige Schnörkel auf der andern Seite durchgeschlagen und folglich so leserlich wie die Kehrseite der Gesetztafel.[38] Das Blatt liegt noch vor mir: »Krönlein« hießen die filtrierten Züge. Kurz ich ersah, daß das mich immer verfolgende Bildnis wirklich mit Buchstaben, aber nur, wie Kupferplatten, verkehrt im Spiegel gezeichnet sei: in einem Spiegel wars also nur zu lesen. Dieses schließet zugleich das Rätsel auf, warum der Magister Binder von dem Porträt, eh ers legierte, keinen gelehrten Gebrauch für die Literatur gemacht, sondern ich erst.

Ich zog langsam die Federzeichnung wie eine Schwanzfeder dem Katechismus aus – ich konnte sie leicht entwenden, weil ich wußte, man hätte sie mir ohnehin auf Ersuchen vorgestreckt –, um sie in Hof auf meiner Stube genauer durchzulesen. Noch fehlet der Bibliothek das Blatt; ich bin aber erbötig, die Figur, sobald man sie auf weimarscher Seite fordert, der Binderschen Kollektion wieder zurückzuliefern.

Nun wird es Zeit, die herkulanische Ausbeute zu besichtigen und unter die Gelehrten auszuteilen, oder, in einer andern Figur, den Laib dieses Himmelsbrots unter die Hungrigen um mich zu verschneiden.... Ehe man aber weitergeht, stehe man fest und überlasse sich der frohen Übersicht, wie ein Gelehrter um den andern die Sachen höher treibt und Altes liest und Neues schreibt – wie wir gleich Luftspringern einander auf die Schultern steigen, um aus Menschen einen pyramidalischen Babel-Turm zusammenzugruppieren – wie jeder dem Tausendfuß der Gelehrsamkeit bald rechts ein neues Bein einsetzt, bald links – und wie wir, wenn wir uns voll gelesen haben und uns wieder leicht und ausgeschrieben haben,

---

[38] In Lessers Lithotheologie steht, daß Rabbi Salomon behauptet, daß die Buchstaben des Gesetzes durch die Tafel durchgeschienen, aber nicht verkehrt.

wie wir, da wir die Feder den Ausleerungen unterhalten, wie die Larve des Schildkäfers[39] den Gabelschwanz *unter* dem After hat, solche fangen und wie wir mit einem Sonnenschirm und Schild aus unsern sämtlichen Werken, jeder mit einem gefüllten Gabelschwanz, dahinschleichen... Ich bekenne, mich erquickt es, daß ich mich auch darunter erfinde, und wir sollten alle Dankpsalmen singen, daß wir unaufhörlich immer mehr wissen und immer mehr schreiben. –

Als ich zu Hause die Federzeichnung vor mich nahm und ein gewöhnliches Brennglas und einen Rasierspiegel dazu, um sie damit durchzulesen: so konnt' ich, eh' ich nur bis auf den Magen herabgelesen, schon wissen, daß ich über die Figur meine Gedanken in Druck äußern würde. Hier ist ein schlechtes Inventar des Funds: ich hatte den Formschneider der 10 Holzschnitte für die 10 Gebote vor mir – er hieß Lorenz *Krönlein* – er war Salzrevisor im Sachsenland – die 10 Schnitte stellten nichts aus der biblischen Geschichte vor – sondern alles aus seiner eignen – sie haben eine ganz neue Erklärung nötig – diese erteilt sein Riß – seine gezeichnete Person zerfället er in 10 Gesichtslängen und Holzschnitte – für jedes Gebot eine Länge.... Genug zum Imbiß. Das ist aber ein geringer etwaniger Konspektus des Küchenzettels, den ich auf den folgenden Blättern meinen Deutschen vorzusetzen denke, samt Küchenpräsenten.

Das Federkonterfei, das überall mein Lotsmann und Cicerone in den Holzschnitten sein soll, setzet mich instand, diesen Schnitten, die man bisher in den beiden Fürstentümern Baireuth und Ansbach nur als Werke der Kunst ohne Hinsicht auf ihren Inhalt schätzte, durch eine neue Erklärung ein neues Interesse zu verschaffen. – Es gab mir überhaupt in meiner Jugend schon zu denken, daß die 10 Holzschnitte (nach der falschen Exegese) lauter Szenen unter den Geboten aufstellten, worin wir sie übertreten, als wären es Schandgemälde in unbezahlten Schuldscheinen, da doch den Menschen der Name und der Gedanke der Laster äußerst zuwider ist, besonders nach dem Begehen derselben, so wie ihnen der Geruch gewis-

[39] Nicht nur diese auf den Artischocken wohnhafte Larve breitet ihren gesammelten Kot mit dem Schwanz, der unter dem After ist, als ein schwebendes Dach über den Rücken, sondern auch die Larve des Lilienkäfers hüllet sich in die Sekretionen ihres Rückens und in die ihres Mundes, d. h. in Kot und Schaum.

ser Speisen, des Käses, des Herings, zumal wenn sie ihn eben gegessen haben, ein Greuel ist. Zum Glück ist aber die alte Erklärung ebenso unterschoben als schimpflich - und nun zur genuinen ehrenhaftern!

I.
Holzplatte des ersten Gebots

Spezifischer Unterschied zwischen Amtsinhabern und Amtsverwesern - Ouvertüre des künftigen Konzerts - Mästanstalten für Mönche

Schrieb' ich hier episch anstatt prosaisch, so müßt' ich jetzt eine Anrufung an einige Musen schicken, und da ich unter dem Wildruf die Quintessenz und Summarie meines Heldengedichts einzuflechten hätte, so würd' ich sagen müssen: flößet mir das Nötige ein, wenn ich den Salzrevisor singe, wie er aus einem Revisor (im Grunde durch seine Frau) endlich Bettmeister in Sachsen wird. Denn das ist der Baurіß meiner Fabel. Im Grunde könnte man auch, gleich den Juristen, in Prosa *anrufen*. Der Erfolg bleibt derselbe, nämlich die Einflößung: denn wie die Inspiration den Aposteln ihre gemeine Sprache und ihre Solözismen und Hebraismen ließ zum Vorteil ihrer Glaubwürdigkeit, so nimmt auch die Theopneustie der Musengöttinnen dem gewöhnlichen Dichter, durch den sie reden, seine niedrige Sprache und deren Provinzialismen nicht, damit es glaublicher bleibe, daß ers gemacht.

Der Salzrevisor Krönlein - - Dazu gehört aber mehr, und ich bin am Ende übel daran, wenn ich nicht das, worauf ich die ganze Geschichte fundiere, gleich anfangs scharf und hell gezeichnet vor den Leser rückte, nämlich Krönleins Charakter. Daher darf ich von jedem verlangen, den aufzuschlagen und nachzusehen: gerade unten an der Kanzel unter dem Hauptpastor sitzt unser Revisor. So sieht der echte Künstler aus, der sich durch Messer (zum Holzschneiden) verewigt und den nach langen späten Jahren Biographen kommentieren. Ich bitte, in sein stilles versenktes unbefangnes Gesicht an der Kanzel tiefer einzudringen. Die weichen Haare sind platt und schlicht über den Vorderkopf gestrichen, welches der Holzschnitt leicht durch gänzliche Weglassung derselben ausdrückt. Es ist viel Kindliches in dieser Physiognomie - und in der Historie noch mehr -, die gleich Kindern leicht errät und doch leicht betrogen, leicht vergibt und doch leicht erzürnet wird und die Spitzbuben geschickter abschaltet als abführt, leichter darstellt als bestellt, geschweige besiegt. Diese künstlerische Unbefangenheit geht so weit, daß ich mit Beistand seines Lettern-Konterfeies Dinge aus seinen 10 Platten gezogen und abgenommen habe, an die er gar niemals gedacht - zu seinem Glück, denn sie betreffen seine Frau -, und die doch ihre Richtigkeit haben. Es ist sogar in diesem in sein Ich hineingelagerten Gesicht etwas so Schwärmerisches, daß ich anfangs, ehe ich in Weimar gewesen, dachte, es sei ein Webermeister, der unter jenen Schwärmern zünftig ist, die wie die Hausgrillen nur *Hitze* suchen und *Licht* vermeiden, die gleich den Fledermäusen nur dem *Talg* der Lichter nachstellen, aber ihren *Strahlen* ausweichen. Das ist Krönlein aber nicht. Indessen können Leser, die sich mit diesem schuldlosen Angesicht befreundet haben, sich nun leicht in die Stelle und Wißbegierde eines Mannes setzen, der dieser Physiognomie immer auf seinen sächsischen Reisen begegnete und der auf sie sowohl auf dem Taufengel zu Bleesern als auf dem Kirschkern zu Dresden stieß.

Nun von vorn an! Krönlein liebte das Formmesser, aber nicht die Revisorfeder, und es war ihm leichter, den Obersalzinspektor abzuformen als zu - befriedigen. Schon als Abcschütz hatt' er Fensterrahmen und Schulbänke für Formbretter verbraucht und in sie geschnitten, ohne vorliegende Zeichnung. Daher wünscht' er sich, um als Formschneider einmal mit Albrecht Dürer in Paaren zu gehen, wöchentlich ein besseres Amt, das er verwesen könnte, ohne dabei zu - arbeiten. Er hätte daher, um mehr zu schneiden, lieber das Inspektorat als das Revisorat versehen: denn alle Posten des Staats nehmen an Arbeit zu, wie sie sich von dem Throne entfernen, und ein regierendes Haupt hat 1000 mal weniger zu denken als ein amtierendes, und ein Vater des Landes weniger als ein Vater der Stadt. So müssen sich die Erden desto fleißiger um sich drehen, je weiter sie von der trägen Sonne abliegen, und der ferne korpulente Saturn muß in einem Sonnen-Tage viermal sich überschlagen, indes die nahe flinke kleine Venus sich nur einmal umdreht. Ferner je kleiner das Amt ist, desto mehr schmilzt der *Inhaber* und der *Verweser* desselben, das *Erz-* und das *Erbamt* in *eine* Person zusammen. Wie der russische Kaiser, seinen nachfolgenden Regenten, so kreiert der gute Fürst seine vielen Mitregenten, seine Champions auf dem Schlachtfelde, seine curatores absentis in den Provinzen, seine chargés d'affaires im Regierungswesen, seine *Smerdes* im guten Sinn, die sich bei seinen Lebzeiten nicht für den toten ausgeben, sondern für den lebendigen. Wie wäre sonst ein Staat zu regieren? Und so müssen in allen wichtigen Zivil- und Militärstellen, wie an unserm Körper, wichtige Glieder doppelt sein; jedem *Amtsinhaber*, der mit dem Amtsapparate durch die Amtsstube wie durch ein Puderstübchen läuft, und sich doch hinreichend mit dem Goldstaub der Revenuen einpudert - wie man einen magnetischen Stab bloß im Durchfahren mit Feilstaub umpicht –, jedem solchen Amtsbesitzer muß (von ihm oder dem Staate) ein *Amtsverweser* beigegeben sein, der alles besorgt. Daher stellten die Römer nicht ohne Grund für einen vornehmen Staatsbedienten einen Doppelstuhl[40] auf öf-

[40] Bisellium, welches berühmten Männern in Rom als ein Zeichen ihres doppelten Werts gesetzet wurde.

fentliche Plätze hin, damit er und sein Amtsverweser sich in den weiten Sessel miteinander setzten. – Hingegen den niedern Amtsinhaber eines kleinern Amtes nagelt man mit der Brust und mit seinen dienst- und wachhabenden, korreferierenden, rechnenden, revidierenden, kopierenden, expedierenden Armen an die Arbeitstafel an, und kein Teufel schreibt für den Schreiber.

Bei unserem Salzrevisor, der gern seine Amtsjahre für Deserviten- und Gnadenjahre angesehen und gleich einer Witwe andern übertragen hätte, aber keinen Korrevisor fand, litt die Kunst, und zuletzt die Frau. Sie war eines Silberdieners Tochter und schmachtete nach dem Hofe, woher sie war. Sie sagte jeden Tag so viel Lügen als ein corps diplomatique in 365 Tagen, und hatte sie eine Myriade von Torheiten gesagt und getan, so lachte sie sich und den Künstler aus, hatte fünf Einfälle und schlug den Revisor (aus Scherz) hinter die Ohren und fiel ihm um den Hals: dann konnt' er nichts machen. Er ärgerte sich, daß sie ihn allzeit mitten im Ärger nötigte, sie zu küssen. Einen einzigen Fehler wurde der Revisor selber nicht innen, ob ihn gleich seine 10 Holzplatten wider sein Wissen dokumentieren, den, daß sie zwar kalt blieb gegen einen schönen, oder jungen, oder alten, oder lustigen Mann, aber nie gegen einen *gegenwärtigen*: mit dem wurde sie untreu aus Spaß und schwur dem Formschneider, einen häßlichern geb' es schwerlich. Und das glaubte sie vielleicht selber; aber es tat nichts: sie belog ebensoleicht den andern als sich. – Übrigens sah ihr Krönlein aus einem der sonderbarsten Gründe alles von einem Jahr ins andre nach: er hoffte, die Folgen würden vielleicht nach 9 Monaten sichtbar, wenn er sie in Harnisch brächte – uni leider blieb er *immer* in dem Fall, daß er die Folgen des Grimms nicht früher als erst nach 9 Monaten zu erleben hoffte: ihre Ehe trug nur taube Blüten.

Endlich kann Kommentator und Leser aus einem langen Heidenvorhof ins Heilige der ersten Platte treten.

Oben auf dem Gebirg voll Regionen aus Linien überreicht der Revisor dem Evangelisten Lukas (dem Schutzpatron der Maler, indes in Persien Lukas' Herr und Meister der Schutzpatron der Färber ist) seine zwei Formbretter, worauf er die Holzschnitte der ersten und der zweiten Tafel eingeschnitzt. Die Bretter zeichnet er leer hin, weil er das Lächerliche voraussah, die zehen Platten auf der ersten verkleinert und also auch die erste verkleinerte auf der ersten und also auch die zwei Formbretter auf den Formbrettern darzustellen - welches so sehr ins Unendliche ausgelaufen wäre wie die wechselseitige Spiegelgalerie zweier einander nachäffender Spiegel. Steigt man bergab, so stößet man an einen geistlichen Landstand - wenigstens wird er unter diesem Titel von der ersten Gesichtslänge des Federkonterfeies aufgeführt -, der durch den bischöflichen Stecken und die Gabelmütze oder den Inful-Zweizack mich nötigt, ihn im ganzen Kommentar einen Bischof in partibus infidelium zu nennen. Künstler sind dem Aberglauben gewogner als Philosophen, weil er das artistische Reich erweitert und weil man gern die artistische Wahrscheinlichkeit für philosophische nimmt; und manchen Lutheraner in Rom haben, wie den Konrektor Winckelmann, die heiligen Madonnen tiefer in die allein seligmachende Kirche gelocket als der lügende Baronius und Bellarmin und das tridentische Konzil. Krönlein erscheint auf der ersten Holzplatte als ein Kryptokatholik. Warum lässet er es zu, daß seine Frau, die hier im Holzschnitte auf den Knien dem Landstande die Hand küsset, ihn um Segen, um Fruchtbarkeit und eine Versorgung bittet? *Regina* heißet die Silberdienerin. Der Bischof in partibus zeigt mit der linken bestabten Hand auf das agnus dei der Säule und sagt: halte beim Lamme darum an, nicht bei mir. Ich weiß aber nicht, ob er alle Bitten Reginens meinte. Auch schenkt der Bischof gern dem geistlichen Schafe unten seine Hand und seinen Blick und seine Hinneigung und dem abgebildeten Lamm droben bloß seinen Schäferstab. Die zweite Beterin neben Reginen braucht unsere Aufmerksamkeit nicht auf sich zu ziehen: der einsichtige Künstler schnitt sie nur als Nebensonne und Folie für die Revisorin hin, um sie im Vorzuge des Handkusses und des landständischen Blickes aufzuführen.

Dicht an der Säule hat er den einzigen Menschen in der Welt angebracht, gegen den seine Lammes-Seele stößig war, den Lautenisten und Kontraaltisten *Raupert.* Er hält ihn für den Weidmann und Vogelsteller seiner Regina, der für dieses gute Reb- und Perlhuhn den Tyraß oder das Schneegarn aufspanne; und dankt Gott, daß die Henne gescheut ist und aus dem ehebrecherischen Netze bleibt. Ich und die Leser wissen, was wir davon zu denken haben. Der Lautenist kartet hinter dem Lammes-Stativ mit einem korrespondierenden Mitglied (es ist ein abgedankter Rezeßschreiber aus Suhle) einen Feldzug gegen das Ehepaar ab: Leser, die mehr denken als sehen, finden leicht, daß Raupert gern den Revisor in den Sitz der Seligen hinaufjagte, um diesen schöner auf den Lippen der Revisorin zu finden. Auf dem Schachbrett deckt die Königin den König, auf der Erde der König die Königin, und es ist hier ein solches Widerspiel jenes Spiels, daß man oft den König hinausschlägt, um seine Frau matt zu machen. Man sieht in betrübte Zeiten hinein, wenn man nach einem solchen bedenklichen Holzschnitte berechnet, wie dem armen Formschneider in künftigen Holzplatten und Geboten werde mitgefahren werden. Ich traue selber dem Landstand nicht einen Holzschnitt weit - was ich hinter der Säule für Gradierhäuser nahm, sind wirkliche Zelte eines Lustlagers - Krönlein und das agnus dei sind beide *erhöht*, und der Bischof kann beide auf dem Altare in unblutige Meßopfer *verwandeln* - Beten vermehret nicht nur eigne Schönheit (nach Nicolai und Hermes), sondern auch die Liebe für fremde (nach mir) - Bischöfe in partibus infidelium setzen einen *Alten vom Berge* nur dadurch außer Sorge, wodurch Cassius dem magern Cäsar welche machte, durch Magerheit.

Unserer aber ist beleibt und dicker als der Säulenfuß -

Ich werde dadurch unverhofft auf den kanonischen Schmer gebracht und durchlaufe vergnügt den Irrgang, der sich öffnet. Ich wünsche, daß einiges, was ich von dem Kirchen-Talg der katholischen Mönche sage, auch auf unsere passe.

Häufigere Absonderung der Fettaugen ins Zellgewebe ist, wie bekannt, die Absicht der Ordensstifter. Sie arbeiteten aufs Mästen hin der Seele wegen: denn Fette sind sanft und liebevoll, wie schon Voltaire bemerkte, so wie alle Öle und Fettigkeiten die Meeres-Wellen stillen. Dadurch will ich aber nicht gerade auch geringere Endzwecke der geistlichen Geflügelmäster ausgeschlossen haben - Fett schraubt den Luftröhrenkopf zum Baß herunter, den der Mönch so sehr wie das Latein in den Horen braucht - Fett ist die beste Silber-Folie des Teints, und die geschmückte Außenseite ist dem katholischen Kirchendienst nicht mehr als den Kirchendienern nötig - Fett ist der beste Pelzrock und Pelzstrumpf und Muff gegen Frost, dessen der arme Klerus in seinen nächtlichen und winterlichen Horen mehr als zu viel erleidet. Es ist kein ernsthafter Einfall von mir, daß die Ordensstifter sich mit diesem Mästen befingen, weil sonst Menschenfett in den Apotheken offizinell war, und daß die Regularen aus Krankenwärtern endlich zu Simplizien und Heilmitteln werden sollten. Aber das sag' ich nicht gern in den Wind, daß Fett ein Zeichen und Sitz des körperlichen Wohlbehagens ist: da nun nach Bellarmin zeitliche Glückseligkeit unter die Merkmale der wahren Kirche gehört, so darf den Dienern derselben dieses Merkmal am wenigsten fehlen; und da nach Plato der Tugendhafte 729mal glücklicher ist als der Lasterhafte, so fordert die Kirche, daß mit dem Stande zugleich die Heiligkeit und mithin der Schmerbauch wachse. Daher darf ein Domherr dürrer sein als ein Dechant oder gar ein Dompropst, daher werden einem hohen Geistlichen alle Freuden der Weltleute, sogar verbotene, gern verstattet, damit er erstarke und nicht einschwinde.

Auf diese Absonderung aus den Arterien ins Zellgewebe nimmt auch der lutherische Klerus nach Vermögen Bedacht.

Wir wollen aber untersuchen, ob auch die Mittel gewählet sind, welche diese Sekretion befödern sollen. Mir scheinen sie es zu sein. Ruhe der Leidenschaften ist den Mönchen geboten, weil nichts besser mästet, wie ich an meinem unvergeßlichen Dechant Swift bemerke, der nicht eher fett wurde, als bis er toll wurde, und bis sich mithin seine Wünsche und Wellen legten. Da aber körperliche Ruhe noch besser mästet als geistige, wie Gänse und Missetäter[41] beweisen: so war es nicht unvernünftig, daß Mönche wie Gänse (aus denselben Gründen) die engsten Zellen erhielten, die eigentlich (nach einer alten Ordensregel) nicht länger sein dürfen als zwei ausgestreckte Arme. Mastgeflügel wird geblendet oder verhängt: auch dieses ließ die Kirche nicht aus der Acht, sondern verordnete deswegen ihrer Dienerschaft hereingezogene Kapuzen, dunkle Zellen, finstere, durch vollgemalte Scheiben schwach erhellte Kirchen. Sie verbot den Konventualen Fleisch - weil nach den Ärzten nur Vegetabilien mästen - und Weiber und Denken. Mir ist bekannt, daß Origenes auf dem Wege großer welscher Sänger dick zu werden suchte. Daher vernachlässigt die Ordensregel die winzigsten Dinge nicht, sondern hat immer das Mästen im Auge: fremdes Brot, sagt das Sprichwort, nährt am besten, daher ist keinem Religiosen zuge-

[41] Missetäter gehen daher trotz des Wassers und Brotes fett aus dem Kerker.

lassen, eines zu verdienen und zu besitzen – Nach Unzer und andern Pathologen folgt auf Überladen sehr oft Stummheit, daher ist Mönchen schon eine antizipierende befohlen – Daher gebot das kanonische Recht ihnen statt des Eides das Abendmahl, um sie immer im Essen zu erhalten. Daher müssen sie sich immer an unsere Hinfälligkeit erinnern und essen: denn Marchese Caraccioli behauptet, daß jede Mahlzeit eine Erinnerung an unsere Vergänglichkeit sei.... Wollt' ich länger nachsinnen, so fielen mir noch 1000 Gründe bei; aber man hat mir bisher das Lob gelassen, daß ich aufzuhören wisse, und dieses Lob will ich nicht erst heute verscherzen.

Überhaupt wurde doch einigermaßen gezeigt, daß das *Chor* der katholischen Kirche – nicht ihr Schiff – aus *Specksteinen* aufgemauert sei. – –

Wir verfügen uns wieder auf den Holzschnitt. Der Landstand reicht fast (zu meiner Verwunderung) bis ans Kapitell der Säule mit seinem; dieses mag aber, da die Säule keine kurze ist, einen neuen Beweis abgeben, daß die Menschen in den vorigen Zeiten länger waren. –

Ich werde fertig sein, wenn ich erinnert habe, daß man nach einer solchen unmittelbar aus der ersten *Gesichtslänge* geschöpften Erklärung der bisherigen alten nur aus Verachtung gedenken kann, welche den Bischof in partibus zu Aaron, Krönlein zu Mosi, birnbäumene Tafeln zu steinernen und das Lamm zu einem Kalbe aus Ohrringen macht. In der Tat werden jetzt aus Kälbern und aus einem ganzen Viehstand Ohrengehenke und Fingerringe gegossen; aber nicht umgekehrt.

Wir eilen zum zweiten Gebot.

II.
Holzplatte des zweiten Gebots

Der Steinhagel – der Stab des heiligen Rochus

Indem ich das Katechismusblatt des ersten Holzschnittes umschlage, um den gegenwärtigen zu kommentieren, so frag' ich mich: »Was kannst du antworten, wenn das Publikum fragte, ob du der Mann bist, der so viel artistische Theorie und Praxis vereinigt, daß er Krönleins Schnitte kommentieren kann, und der wenigstens von einigen Bergen zu Rom herabgesehen?« Und hier siehts schlecht aus: ich habe noch kar keinen erblickt und kenne von Welschland wie vom Revisor nur Bücher und Bilder. – Inzwischen haben einige Galerieninspektores, in deren Beisein ich nach meinem Gefühle über Raffaels *Logen* im Vatikan (nämlich über deren Kopien) eine und die andere Anmerkung machte, mich ermuntert, fortzufahren und mit den gegenwärtigen zehn Krönleinischen Loggie anzufangen, so wie Erasmus nach der griechischen Grammatik sogleich den Homer traktierte mit seinen Eleven. In der Tat *diese* Logen heißen nicht mit Unrecht - wie *jene* Raffaels Bibel - Krönleins Katechismus.

Inzwischen hab' ich bei aller Anstrengung im ersten Gebot doch den *Himmel* vergessen. Zum Glück kommt er auf allen zehen Platten wieder. Das ätherische Linienblatt, das der Leser über der Steinigung sieht, stellt den Himmel vor, und zwar einen *blauen*, denn die Striche sind *waagrecht,* womit die Heraldik allzeit die blaue Farbe andeutet. Wie schön rastriert uns dieser aus Glückslinien gezogne erste Himmel gleichsam die *ersten Linien* (primas lineas) des dritten vor!

Nun werf' ich eigentlich meine Leuchtkugeln auf den zweiten Holzschnitt. Die Halsgrube und der Bart der Federzeichnung (denn daraus besteht die zweite Gesichtslänge) erzählen uns, daß das bunte Glas der Krönleinschen laterna magica den Berg der vorigen Platte weiter hereingeschoben auf dieser. Es war schon einige Tage nach dem Handkuß, berichtet der Bart, daß der Revisor wieder auf das Gebirge stieg, um einige Petrefakta und Quarze droben zusammenzuklauben. Er bekennt, daß ein Formschneider Pflanzen viel leichter nach Phytolithen (versteinerten Pflanzen) als nach Blumenstücken oder Blumenbeeten ausschnitze, und Lesern, welche die drei Gräser auf dem Fußboden der zweiten Platte etwan nicht schlecht finden sollten, hinterbringt er, er habe sie nach guten Dendriten kopiert. Der Teufel hatte sein Spiel, daß der Revisor gerade so viel steinerne Schätze, und noch dazu Wetzschiefer, rötlichen Quarzkiesel, lapides judaici und sogar zwei *Ceratolithen* und einen *Hysterolithen*[42] droben finden sollte, daß er bis nach dem Gebetläuten auf dem Berge verharrte. Im Dunkeln gesellten sich der kassierte Rezeßschreiber aus Suhle und ein falliter Pochgeschworner aus Freiberg zu ihm. Der Artist hätte sich von diesen Berggästen nichts Gutes versehen sollen. Die Spitzbuben erboten sich zu Trä-

[42] Ich gehe ungern daran, ihm diese Ausbeute und Verbindung der Ceratolithen (versteinerte Hörner) und des Hysterolithen (Venusstein) zu glauben, aber an das weimarsche Katechismus-Blatt müssen ich und Publikum uns halten.

gern seiner Stein-Lese und Kuxe. Krönlein sah von jeher Lämmergeier für Lämmer, Köpfe für Herzen und Einfältige für Aufrichtige an, da doch kein Mensch zur Verstellung zu dumm ist und da auch *Schafsköpfe* in *Schafskleidern* einhergehen und nicht immer in Löwenhäuten.

Er sah bald, daß ich recht hatte, da er den Berg mit ihnen herunter war und nun dem Kontraaltisten in den *Wurf* kam. Raupert legte sein Lautenfutteral, das er bei sich hatte, aus Absichten in das aus den drei genannten Gräsern bestehende Gras. Hier auf dem Abdruck des Prägstocks ist wenig vom Futteral zu erblicken; ich kann aber Neugierige auf den birnbaumenen Stempel selber verweisen, auf dem alles in flachem Schnitzwerk ausgeführt ist, was mit Druckerschwärze nicht zu propagieren war. Das Weglegen des unsichtbaren Futterals sollte so viel sein, als zög' er die Türkenglocke gegen den Revisor, oder als zündete er Lärm-Kanonen und Lärmstangen an. Nun machte sich das Parzen-Terzett über den arglosen Artisten her. Hier liegt unser Formschneider auf seinem eignen Holzschnitt und erwartet, daß ihm die hinterlistige Tripelalliance im Finstern Wetzschiefer und Ceratolithen und rötlichen Quarzkiesel und lapides judaicos an den Kopf werfe, um ihn mit diesen lusibus naturae (Naturspielen) zu erlegen. Der nächste Spitzbube an ihm ist der Pochgeschworne und ist aus dem rötlichen Quarzkiesel in seiner Rechten kenntlich, der weiter stehende ist der Rezeßschreiber mit einem lapis judaicus (es ist auf dem Holzschnitt schwer herauszubringen), und der gebückte Zelot, der einen schon geworfnen Wetzschiefer zum zweiten Gebrauch in die Bombe lädt, ist der Rädelsführer Raupert selber. So steinigen Menschen Menschen, bedenken aber nicht, daß ein Naturaliensammler sich ungern mit dem besten europäischen Stufenkabinett erwerfen läßt, geschweige mit einem so kärglichen.

Was die drei Bombardierer noch entschuldigt, ist, daß sie mit dem Durchlöchern weniger dem Revisor einen Tort als der Revisorin einen Gefallen tun wollten, weil Raupert verhoffte, während der Mann läge und seine Wunden in Binden hätte, die seinigen zu heilen und mit des Bandagist Amors Binde zu stillen.

Aber es sollte besser ablaufen. Mitten in diese Wintersaat und in diesen Spatregen von Steinen schickte das Verhängnis den Landstand, der hier mit seinem Mosis-Krummstab dem grimmigen Meere gebeut und mit dem heiligen Rochusstab und Lituiten[43] andern fliegenden Petrefakten Einhalt tut. Der Künstler hat für diesen Holzschnitt gerade den fruchtbarsten, gleichsam den trächtigen Moment erwischt oder erwählt; denn jetzt sind die lebendigen Schleudermaschinen noch im Abdrücken, Krönlein im Abwehren, Raupert im Bücken, dem Landstand stehen und schießen vor Todesschrecken lange Seitenhaare wie Staubfäden und Stengelkeime und elektrische Strahlbüschel empor - der ganze Holzschnitt siedet, gärt, wogt und geifert - sogar die Windstille und gleichschwebende Kirnbergerische Temperatur auf dem Gesichte des fremden Herrns, den ich nicht kenne, hebt wie ein Wohllaut diese Mißton-Kunst ungemein. - Hier bricht meine artistische Version und Hermeneutik der Platte zum 2ten Gebote ab; aber man lasse mich, eh ich über die dritte die Wünschelrute meiner Feder halte, etwas bezeugen...

Nämlich mein Erstaunen, daß Deutschland solche Blüten der holzschneidenden Kunst in Katechismen wie Blumen in andere Herbarien klemmt. Ich erinnere mich, daß schon längst Ungers Vater in Berlin - der Sohn war dabei und bezeugt es im Notfall - gegen mich äußerte: »er glaube Albrecht Dürers Holzschnitte beurteilen zu können,« (und das kann Vater und Sohn leicht, da sie ihn so glücklich erreichen) »aber seiner Einsicht nach habe Dürer nie einen Holzschnitt geliefert, der den Krönleinschen ähnlich gewesen.« Was aber den Deutschen deckt, ist, daß es der Römer selber nicht besser macht: hat uns nicht Winckelmann bezeugt, daß er die herrlichste erzene Schaumünze von Hadrian in Rom nirgends aufgetrieben als endlich als Medaillon oder Schelle an einem - Maultierhals? - Ich weiß, was man mir entgegensetzt, daß nämlich die Religion an der Kunst - wie in der griechischen Zeit die Kunst an der Religion - sich aufhelfen solle, und daß daher das Konsistorium, das auch den Geschmack der Katechumenen bearbeiten und erziehen will, es nicht verbiete, für 9 Katechismusbogen *einen* Groschen zu begehren, ein enormer Ladenpreis, wofür nicht nur 9 leere reine Bogen, sondern sogar 12 zu bekommen wären. Aber ich repliziere das: einer der größten pädagogischen Irrwege ist der, daß

---

43 Lituiten sind Schnecken-Versteinerungen, die Bischofsstäben gleichen. Was der heilige Rochus-Stab ist, davon siehe die Erklärung oben im Texte nach.

Erzieher bei Kindern zwei, drei Ziele auf einmal zu erreichen denken. Die Kleinen sollen aus dem Speccius von Esmarch zugleich Latein und Realien schöpfen, wie Leserinnen aus neuen Romanen alte Geschichte; man vergisset aber, daß sogar der Erwachsene nicht in derselben Minute wie das Chamäleon, das mit einem Auge vor, mit dem andern hinter sich blickt, zugleich auf den Stil hinter sich und auf die Wahrheiten vor sich lernend merken kann. Ein zu einer doppelten Aufmerksamkeit verdammtes Kind wird am Ende bloß mit den Termen und mit verworrenen Umrissen ihres Inhalts vertraut; aber diese leere Vertraulichkeit raubt gerade einer künftigen dazu bestimmten Lehrstunde das Interesse der Neuheit.

Also können die Katechumenen nicht das religiöse Memorienwerk und die artistische Kallipädie in *einer* Minute verschmelzen, so wie man mit gleichem Schaden Religionsbücher zu Lesemaschinen macht.

Ich führ' es nur zur Belustigung des Lesers an, daß alle vorhergehenden Kommentatoren dieser Holzschnitte nicht nur auf dem ersten aus dem Salzrevisor den Heerführer Moses, sondern auch auf dem zweiten aus dem nächtlichen Überfall eine gerichtliche Steinigung (vermutlich mit den Scherben der zerschlagnen Gesetztafeln) geschmiedet und gegossen haben. So spielt man Werken der höhern Kunst in Deutschland mit.

Der heilige Rochus-Stab in der Note ist jetzt klarzumachen. Die Karmeliterkirche zu Bourdeaux hat, wenn sie noch steht, den Stock in ihren Mauern: ein Haus, worin er ein Jahr stand, wurde dadurch ein großes und reiches; daher zahlten die Bourdeauxer sonst bis zu 2000 Livres jährliches Mietgeld für ihn. Mit der Zeit rosteten die metallischen Kräfte des Mietstocks ein; und die Liebhaber wollten vor 20 Jahren kaum noch 12 Livres für den Stecken geben. Ich lobe sie: bewahrt nicht jede Kathedralkirche einen zehnmal goldhaltigern Lehn- und Prägstock auf, den sogenannten Krumm- oder Bischofsstab? Sehen wir die geistlichen Rutengänger mit dieser *Wünschelrute* – die Bischofsmütze ist das Fortunatus -*Wünschhütlein* – je verarmen oder Leute ohne Ruten neben ihnen aufkommen und grünen? Ich habe mir oft den Salzburger Krummstecken gewünscht, um auch Münzbelustigungen mit diesem multiplizierenden Neperschen Stabe zu treiben; aber der Bischof hat Verstand und lässet die

Badine, die jährlich einen Silberbaum von fünfmal hunderttausend Blättern oder Talern treibt, nicht fahren.

III.
Holzplatte des dritten Gebots

Parität der Religionen in der Kleidung – Spitzbübinnenstreiche

Wäre nicht mehr aus der menschlichen Brust überhaupt als aus der Brust der Federzeichnung – der dritten Gesichtslänge – zu lesen: so stände die Sache schlimm und diese Geschichte still. Ich will aber vorher den Leser ins Relatorium und in die Avisfregatte der dritten Gesichtslänge führen und dann erst selber ein Wort reden.

Auf gegenwärtigem historischen Tableau treffen wir den Landstand auf der Kanzel an: er zankt darin. Alle Ausleger vor mir konnten sich aus seiner lutherischen Draperie nicht herauswickeln: besonders drücken die zwei Schmutztitelblätter des Überschlags, diese geistlichen Halsfloßfedern und Herzblätter, das exegetische Kollegium nieder. Ich schäme mich nicht, es öffentlich geständig zu sein, daß ich noch vor einigen Jahren mich mit dem Künstler über diesen Anzug überwarf. Er hat auf allen seinen Holzschnitten seine stehende Truppe so gut bekleidet, daß sie mit keinem Volk und Zeitalter zu verwechseln ist - und eine solche Garderobe de fantaisie, eine solche indeklinable, poetische Einkleidung und Tracht ist eben das hohe Idealische, was jeder Narr kennt, aber nicht malt. Warum wirft sich aber gerade hier der Gewändermaler in die Wirklichkeit hinein und drapiert lutherisch? Er muß eine größere Schönheit erwuchern können, als er verstößet: sonst tät' ers unmöglich. Der Verfasser dieser Erklärung und Periphrase glaubt seinen Künstler nicht weit von seiner Spur zu verfolgen, wenn er mutmaßet, daß der Holzschneider ein Fuchs ist und gern seinen Krypto-Papismus verdeckt. Hier überdeckt er ihn mit Kanzelholz. Dadurch nämlich, daß er den Landstand wie einen Grenzgott oder einen geflügelten Genius mit der untern Hälfte in das hölzerne Kanzelhulfter steckt, hält er sich die Zeloten vom Leibe, und indem er sie mit dem Seraphin[44] dieser Kanzeltaube, gleichsam mit der menschlichen Oberwelt voll oberer Seelenkräfte, die er lutherisch bekleidet, abspeiset und fortschickt, schafft er sich Platz, der Culotte und Unterwelt des Bischofs das Pallium umzuhängen und kurz die Hälfte des Mannes so katholisch zu machen, als er nur will. Ja einen, der ihn darüber zur Rede setzen wollte, könnt' er noch dazu einen Narren heißen und ihn bitten, er solle ihm doch das verfängliche Pallium zeigen; - und das wäre ihm wegen der Kanzel nicht tulich. - Schieß' ich fehl: so ist mir doch die Moral nicht zu nehmen, die daraus abfließet und welche gewisse alte Ketzer (die Paterniani) so ausdrückten: Gott hat die obern Teile des Menschen gemacht, und der Teufel den Rest. Die in der Kanzel verborgne Stalagmite, wächst der sichtbaren Staktite entgegen und türmet sich auf durch sie. Die Nebel, die die unterste Erdschicht des Menschen aushaucht, steigen öfter, als sie fallen, und machen also den Himmel öfter naß wie blau.

Ich will vorher die Volksmenge in der Kirche des Holzschnittes summieren und sortieren, die so viele Mann stark ist, als die Philis-

---

[44] Nach Lichtenberg zerschneidet man in Frankreich die Tauben quer in zwei ungleiche Stücke, das mit den Beinen heißer culotte, das andere seraphin.

ter goldne Mäuse bekamen, fünf. Der Bischof in partibus schießet mit Kanzel-Spitznamen und mit einem geistlichen Pereat auf den fatalen grinsenden Kontraaltisten herunter und schauet als ein Gegenfüßler Lavaters - der, wie er schreibt, in seiner Predigt allzeit das beste Gesicht als point de vue im Auge behält - gerade das schlimmste an. In Kinderlehren hingegen, schreibt Lavater, fass' er immerfort das einfältigste ins Auge, um faßlicher zu sein: das hätt' er aber nicht ruchbar machen sollen, weil sonst ein Zürcher, den er oft in den Kinderlehren betrachtet, ihn wegen optischer Injurien belangen und überhaupt ihm kein sonderliches Gesicht entgegenschneiden wird; der Verfasser dieses Blatts bittet sich daher, wenn er nach Zürch kömmt, vom physiognomischen Fragmentisten die Gefälligkeit aus, ihn unter dem Katechisieren nicht anzusehen. - Das unten neben dem Salzrevisor niedlich zusammengefaltete Geschöpf mit gekreuzten Händen ist seine Frau. Wie gesenkt und versunken, horchend und erblindet sie dasitzt, als Kreuzdame und Kreuzträgerin! Wer säh' es der Spitzbübin an, daß sie eine ist und aus einer *Hausehre* gern durch Beistand ihres rechten Nachbars eine ganz kleine *Hausschande* werden möchte? Davon merkt aber der Revisor nichts, der Tag und Nacht sich auf die Befolgung der *Navigationsakte* rüstet und freuet, wodurch der Staat dem Manne (wie der englische jedem Volke) befiehlt, nur *eigne* Landesprodukte nur auf *eignen* Schiffen einzubringen. Ja Krönlein hat einen fünften Gang in diese laute Mühle des göttlichen Samens eingebaut, nämlich die weibliche Figur an der Kanzel, weil er sich einbildete, er verstoße gegen seine verschämte Frau, wenn er sie allein in eine Kirche voll Männer oder in ein Mönchskloster setze und schnitze, da Mädchen wie erdrosselte Krammetsvögel allzeit paarweise in die Häuser kommen.

Schön deutet der Künstler die Jahrszeit der Geschichte an, daß es nämlich der Frühling sei, der vor sich erst die Frühlingsreife vorausschickt und statt des Stachelbeereneises, statt des Rosen- und Äpfeleises bloß Wasserpflanzeneis in Weihern auftischt: unser Holzschneider tut es bloß durch einen Holzhacker, den das Publikum aus der Kirche in dem Kirchhof neben dem Gebeinhaus zwei Schwefelhölzer für die Sakristei zerspalten sieht. Ich vermute, der Kantor hackt.

Nun wird es Zeit, zu erklären und zu erraten, was eigentlich die fünfspännige Kirchenversammlung vornimmt. Der Holzarbeiter scheint hier, wie Geßner in der Ratsversammlung, zu zeichnen – und mit der linken Hand wie Holbein; aber auf dem alten Stempel, der statt des Holzschnittes neben meinem Dintenfaß steht, ist es doch die rechte. – Der Landstand wetterleuchtet und donnert gegen alle Sünden, die ihm – entgehen: er hält dem höhnenden Raupert die Nachbarschaft des 5ten und 6ten *Verbots* vor und meint die nächtliche Attacke. Die Brust des Feder-Konterfeies erzählt es weitläuftig genug, wie sehr der Bischof die arme Menschenbrust wie die der pommerschen Gänse behandelt, die man allein an dem Tiere *schwärzet*, d. h. räuchert. Auf der Kanzel sagen die Geistlichen: damnamus, in Visitenstuben gleich ihren Zuhörern nur: namus[45] , und sie setzen dort gleich Rezensenten keinem *Kopf* einen Lorbeerkranz auf als einem *Totenkopf*, und die Nachmittags- oder Leichenpredigt ist die Antikritik der Vormittags- oder Bußpredigt.

Der Gesetzprediger schlägt mit dem Gesetzhammer und Zainhammer auf den Lautenschläger Raupert und sagt ihm verblümt, er fahre zum Teufel; aber Raupert ist lieber einer. Der Seelenhirt stellt der Gemeinde, wenigstens dem Kontraaltisten, die schwarzen und brünetten und bunten Laster vor; aber ich sage voraus, es hilft nichts, und auf dem nächsten Holzschnitte wird sichs zeigen. Die Menschen glauben, Laster sind wie die Bandwürmer, die jeder im Gedärme bei sich führt und die nur schaden, wenn sie überhand nehmen. – Und hier ist überhaupt der Mensch im ganzen zu empfehlen. Wie nämlich die Professionisten ihr Handwerk nicht niederlegen, wenn ihnen der Arzt und ihr Schicksal einige medizinische Schädlichkeit desselben zeigen, sondern wie jeder, um nur Brot zu haben und zu schaffen für andere, sich gern der notwendigen Verderbnis preisgibt, z. B. der Schuster den Infarktus – der Friseur und Müller der Lungensucht – der Hammerschmied der Blindheit – der Kupferschmied der Taubheit – der Bleiarbeiter der Kelchvergiftung: so darf man, hoff' ich, annehmen, daß die meisten Menschen stark und entschlossen genug sind, sich von ihrem Gewerbe nicht durch

45 Semler im I. T. seines Auszugs aus der Kirchengeschichte (p. 498) erzählt, daß die Väter, die zu Soissons ein Konzilium über Abälard und sein Buch de trinitate hielten, so voll waren, daß sie weiter nichts von damnamus sagen konnten als namus. Feine Leute sagen allzeit nur namus; es ist aber noch schlimmer.

die moralische Erkrankung, worein es sie unvermeidlich stürzet, trennen zu lassen; springt denn der Gesandte und sein Sekretär von seinem wichtigen Posten ab, weil er sich dabei der Mundfäule und den Mundschwämmen der Unwahrheit aussetzen muß? Oder treibt das inflammatorische Fieber des Zorns, die Dörrsucht der Habsucht, die Obstruktion oder der Brustkrebs der Heuchelei den mutigen Mann aus seinem Zelte, aus seinem Kramladen, von seiner Kanzel?

Übrigens gehört der Bischof auf der in Holz geschnittenen Kanzel unter jene Leute von feinem Gefühl, die einen größern Genuß in dem Predigen und *Überdenken* der Moral zu finden wissen als in dem *Ausüben* derselben und die also letzteres nicht sonderlich schätzen und treiben. Ich achte sie so sehr wie jenen Musik-Kenner, der, wie Monboddo erzählt, gute Partituren nur vor sich still in die Hand nahm und schweigend mit den Augen überhörte und der so der herrlichsten Symphonien, ohne nach einem einzigen Instrument zu greifen, durch bloßes Lesen habhaft wurde.

Die Silberdienerin ist, wie oben gedacht, eine Spitzbübin und Wilddiebin der Herzen meines Geschlechts, und ihr hab' ichs Dank zu wissen, daß die Geschichte auf der Platte des dritten Gebotes nicht stockt. Sollte denn ein Leser so verblendet sein, als der Eheherr und Porträtmaler wirklich war, daß er nicht Lunten witterte, warum dieses Rosenmädchen, das ein Dornenmädchen ist, so still und dem Kontraaltisten so abgewandt, aber doch so nahe sitzt? Offenbar redet oder singt oder winkt die Kirchenräuberin (mit der weiblichen Fernschreibekunst) etwas mit dem Langkinn ab, was in den nächsten Holzschnitten Folgen haben kann. Darüber wird sich sprechen lassen; ich aber versehe mir von einer solchen *Plagiaria,* die uns alle zu ihrem Musteil und ihrer Gerade schlägt, zwar keinen sabinischen Jungfernraub, aber doch Männerraub und wenig Gutes. – –

Die Ausleger, die immer Juden in den Christen dieser Platten suchen, sollen mir doch auf dieser etwas Beschnittenes aufweisen. Oder wollen sie annehmen, der in Holz geschnitzte Schauplatz des Sonntags sei Frankfurt am Main, worin nach einer Ratsverordnung vom 23. Febr. 1756[46] kein Jude auf der Gasse erscheinen darf, ja wo die armen Schelme ihre Briefe so auf die Post abgeben müssen, »daß sie damit« (ich brauche die Wendungen des Dekrets) »den geraden Weg die Zeil hinauf und an der Hauptwache vorbei bis an die Bockenheimer Gasse, sodann zu dem Hessen-Kasselischen Postwagen den Weg hinter denen Predigern her nach dem Hayner-Hof zu halten und sonsten weder zur rechten noch zur linken Hand auszuschweiffen haben«? Ist das nicht toll, ich meine das Erklären? –

---

46 Neues Genealogisch-Schematisches Reichs- und Staatshandbuch vor das Jahr 1757.

IV.
Holzplatte des vierten Gebots

Der schlafende Cicero und clairvoyant – harmonia praestabilita

Es gibt zu denken und ist merkwürdig, wie sehr meine schon im dritten Gebote gefällete Prophezeiung hier im vierten in Erfüllung geht. Man erinnert sich, daß ich weissagte, auf der nächsten Holzplatte dürften wir vielleicht manche Kirchleute über der Ausmauerung eines Sparrwerks betreten, das sie neben der Kanzel zusammengenagelt. – Und so glücklich sind wir jetzt.

Ich schlage mich hier nicht lange mit meinen Vorgängern herum, welche den da unten liegenden Herkules, nämlich den Lautenisten, für den bezechten Erzvater Noah, das gebückte Männchen Krönlein für den satirischen Ham (bevor dieser und sein ganzer Erb- und Weltteil in den Färbkessel und in die Rußhütte geworfen wurden) und den Landstand und die Silberdienerin, der jener in der kalten Nacht einen Nacht- und Bischofsmantel der Liebe umwirft, für Sem und Japhet genommen haben: soll sich ein ernsthafter Mann mit der Rasur solcher geschraubter Traumdeutereien befangen?

Ich und das Publikum wenden unsere literarische Zeit besser an, wenn wir den Magen des Revisors - die fünfte Gesichtslänge - studieren und dieses Glied für unser Dionysius-Ohr und Souffleurloch halten. Der Kriegs- oder Friedensschauplatz ist wieder das Lustlager. Es ist Nacht und ziemlich stockfinster. Regina und Raupert haben sich unter diese Marquise[47] beschieden. Gewisse Damen gleichen dem mechanischen Genie Earnshaw; dieser lernte in kurzer Zeit Uhren, Orgeln, optische Instrumente, Särge, Kleider, euklidische Demonstrationen machen; nur *eines* war ihm niemals beizubringen - einen *Korb* zu flechten. So verstehen gewisse Weiber alle schönen und schwarzen Künste, die besten Sprachen und Sitten, können alles binden und flechten, Zöpfe, Blumensträußer, Netze, Strohseile, Fallstricke, - aber einen *Korb*, das haben sie nicht in ihrer Macht, und wollte man ihnen jeden Korb mit Herzen und mit Assignaten füllen. - Inzwischen hört die schlaue Silberdienerin den Holzschneider, dessen Gang sie kennt, gegen die Marquise aufmarschieren. Weder Flucht noch Exküse stehen ihr frei; sie kann nichts mehr tun als eine - Bitte an ihren Lieblingsschriftsteller Raupert, er solle sich schlafend anstellen und im Schlafe plaudern, und sie wolle sich bücken und stellen, als behorche sie sein Träumen.

Das tat er gern. Als der Artist näher vorschritt: so winkte ihm die Frau mit großen Bogenlinien der Arme - der Finsternis wegen waren diese Fraktur-Winke vonnöten -, leise in die Marquise einzutreten, weil es was zu hören gebe. Der gutherzige kurzsichtige Brot- und Eheherr schlich auf den Daumen der Füße herbei. Der Kontraaltist Noah - denn Noah hieß er wirklich in seiner Jugend, weil er in einem biblischen Schuldrama diese alttestamentliche Rolle durchgespielt und durchgetrunken hatte, und dieses hat auch vermutlich viele Ausleger der Holzschnitte mit auf den Irrweg verlockt - der Erzvater also stellte sich, als ging' er in seinem magnetischen

47 So heißet ein Offizierszelt.

Schlafdiskurse weiter und sagte: »Bruder, das wollt' ich eben, der Revisor führe zum Teufel! Ich setze seinem Weibsbild nach, es ist aber schwer zu fangen, und der alte Narr trägt sie immer in der Tasche bei sich. - Vorgestern? - Nein, du irrest. - Dann? - Ja, mache du's erst; aber ich kenne den Narren völlig. Und muß ich dir sagen, der Bischof ist wohl nicht der Mann dazu....

Es macht Gedanken - die auch geäußert werden sollen -, daß der, der jetzt zum Kolloquium wie der vierte Mann und Engel in den feurigen Ofen der drei Leute trat, der Landstand selber war. Und die Gründe meines Verdachts sind der Verfolg: Regina schickte dem Bischof die stärksten mimischen Befehle des Stilleseins unhöflich entgegen - der Erzvater fing auf einmal an, den Landstand zu schmähen und gleich darauf gegen das kleine Akzessit-Töchterchen (das wir vorigen Sonntag auf der 3ten Platte bleich und jung hinter der Kanzel angeschauet) entsetzlich loszuziehen, und zwar dergestalt und in solchen Wendungen, daß Reginen und selber dem Bischof in partibus keine andere dezente Zuflucht übrig blieb als die, aus dem Zelte eine verschämte Flucht in die Finsternis, so weit der Spitzbube zu hören war, mutig zu nehmen. Ist das und noch viele andere Dinge, zu deren Rapport Zeit fehlt, noch nicht geschickt, in einem Leser des 18ten Jahrhunderts klügere Vermutungen aufzuwecken, als in einem Ehemann des 17ten aufsprangen? Letzterer dankte dem Himmel, als er seine Gebenedeite, die (nach ihm) gleich den Türkinnen[48] zwar Hühner, aber nicht Hähne unverschleiert füttern kann, mit dem Landstand unter dessen zweischläfrigen Schlafpelz laufen sah; aber was sprechen Leser dazu, die in Paris und Rom gelebt? Ist es denn solchen noch dunkel, daß dreifache Spitzbüberei hier webe und spinne? - Ist diesen erst ein *Schwortz*[49] vonnöten, das ihnen es mit schönen Lettern vor die Augen druckt, daß ganz gewiß der Lautenist nichts als eine vom Bischof in partibus gedrehte Zwirnmühle und Spinnmaschine ist, womit der Landstand seine Fallstricke um Reginen spinnt und legt - daß aber der Lautenist den Bedienten gleiche, die in der Mietkutsche, die sie zu

---

[48] Journal de lecture n. II. p. 187.

[49] Gera hieß nach vielen Altertumsforschern sonst Schwortz, von den Sorben oder Schworzen (Schwarzen), weil diese über das schwarze Meer herkamen; aber Longol sagt in seinen »Longolischen Beschäftigungen«, er widerleg' es irgendwo.

bestellen hatten, selber gefahren kommen – daß er heute die Silberdienerin unter die Marquise bestellen sollen, daß ers aber vermutlich einige Viertelstunden zu bald getan, um dem Landstand durch eine frühere Originalität keine Ehre mehr zu lassen als die einer Kopie? – –

Um vieles glaublicher wird die Hypothese, daß wir das neue Paar vor unsern Augen davongehen sehen: denn das lässet präsumieren, daß die Dienerin und der Kirchendiener Menschen sind, die gewiß (nach einer unedlen Phrasis) der Teufel reitet. Des heiligen *Xavers Mütze* macht bekanntlich Gemahlinnen – und Johannis V. und Peters II. Frauen trugen solche – fruchtbar, und zwar mit Knaben: nun hatte die arme *Sara-Wüste*, Regine, nichts Nähers aufzusetzen bei der Hand als die *Bischofs-Mütze*, und das (so war ihr Schluß) möchte ihr guttun. Absolut unmöglich ists nicht, da ich täglich Bischöfe die Abkömmlinge ihrer Infuln- und Wunderkräfte gleich Pasquillen erstlich *vervielfältigen,* zweitens *anonym versenden* sehe. Übrigens fehlte unserer Silberdienerin zu einer Weltdame im verbrauchten Sinn nichts als eine – Residenz. Weltdamen ist aber Lykurgus' Gebot nicht neu, nie lange gegen *einen* Feind zu kriegen, sondern lieber (zum Vorteil des Muts) die Gegner zu wechseln. – Der Gegner, der Bischof, ist ein guter Herr: Ideen (geistlichen) stellt er ewig nach. Da nämlich nach Hemsterhuis Schönheit das ist, was die größte Anzahl Ideen in der möglich-kleinsten Zeit erweckt, so muß ein geistlicher Herr, ein Kanonikus, ein Nuntius, ein Kardinalbischof, ein Kardinalpriester sich nach Schönheiten umtun und sich Gegenstände auslesen, die ihn, da er wenig Zeit hat, mit einem Überschwang von Ideen auf einmal versorgen.

Ich fahre aber im Extrakte aus dem Protokoll des Krönleinschen Magens fort. Entweder wurde der Lautenist der liegenden und gesprächigen Rolle müde, oder er gönnte dem Landstand die seinige nicht: kurz er fing an, sowohl den Bischof als den Zuhörer Halunken zu nennen, dann Teufelsbraten, dann Schlafmützen, dann gar Fratzen und Tröpfe. Dieses Namenregister führte zwischen dem gefirmelten Revisor und dem Wiedertäufer eine Erkennung herbei, die der Künstler nicht für unwürdig hielt, einen eignen Holzschnitt, den des fünften Gebots, zu füllen.

V.
Holzplatte des fünften Gebots

Beschreibung der gegenwärtigen Platte – Bestimmung der Bücherverbote

Da haben wir den Teufel! Der Salzrevisor hat sich erboset und sich des Lautenfutterals statt eines Stab Sanfts bemächtigt und holt nun mit dem Streit- und Waldhammer aus, um damit den Schlafredner wie einen Baum anzuplätzen und zu signieren. Sonach schlägt die Laute den Lautenschläger durch eine Transversalschwingung. Das Langkinn liegt auf dem Feldbette der Erde als Sanskulott oder gallus *togatus*[50] , indes der Holzschneider und Streithahn, angekleidet als gallus *braccatus*, den Sturmbalken mit einer Schnelle rückwärts schwingt, daß er den Rauch des einen Wachfeuers umweht, so wie der steilrechte des zweiten Feuers sich bücken wird, falls – er den Lautenzug dieser Kniegeige (wie aber auf dem Holzschnitt nicht zu fürchten) niederbringen sollte. Übrigens weiß schon unser Artist, daß das Futteral wie Tanzhandschuhe nur *einmal* zu gebrauchen ist und nichts zerschlägt als sich; damit wirft er aber auf seinen sanften, von Windstille und einiger Knalluft beherrschten Charakter ein reizendes Licht, und man bleibt ihm gut.

Was soll ich aber von stumpfen Auslegern denken, die niemals Krönleins Nabel[51] überlesen haben und die aus Einfalt den schönen Revisor mit der langen Tastatur zum Kain und den häßlichen Altisten zum Abel ummünzen? Ja, da sie sich auch ohne die Sektionsberichte und Affichen des Nabels hätten vorstellen können, daß man Konfirmanden und Buchstabierschützen nicht mit ihren zarten weichen Fühlfäden vor das Schlachtfeld eines kopierten Brudermords stellen werde, was soll ich da von solchen harten inkrustierten Auslegern für eine Auslegung geben? – Gar keine geb' ich; – und es ist auch keine einem Manne wie mir anzumuten, der schon, wenn er nur von Ameisen- und Krötenöl und von Kaviar und von Pfunden zerquetschter Kochenillen und von Ameiseneiern in Kannen lieset, gern nicht weiter darüber denken und es sich nicht auseinandersetzen will, wie viele kleine *Welten* unser Bedürfnis zermalmen muß, um unsern *Mikrokosmus* weich zu betten auf Schlachtfelder.

So weit der Nabel! – Was ich noch nachbringe, gehört zwar nicht zur Sache, aber doch zur Nebensache. Viele Leser, besonders die Juristen hab' ich jetzt über die peinlichen halsgerichtlichen Nachwehen dieser Lautenschlägerei unruhig gemacht; – und in der Tat greift diese fünfte Kriegs- und Holzplatte in alle künftige ein: aber eben darum heitere ich nicht ohne Absicht bange Leser mit Allotrien auf, die ich nun anfange.

---

[50] Gallia togata hieß bekanntlich das Gallien, dessen Einwohner die römische Toga annahmen; Gallia braccata hieß das behosete, das in seinen alten Sitten und Hosen blieb.

[51] Der Anfang der fünften Gesichtslänge und Deklination des Menschen.

Eine solche Nebensache oder ein Allotrium scheint es mir zu sein, wenn ich sage, daß aus dem Revisor ein guter Offizier wäre zu machen gewesen. Unter einem guten Offizier, der der Primas der Prima Plana zu sein verdient, versteh' ich einen, der Geduld und Feuer genug hat, einen Gemeinen hinlänglich auszuprügeln. Denn aus einem solchen Friedens-Maneuvre macht sich auf seine Kriegsmaneuvres der Schluß leicht, d. h. aus der *triumphierenden* Kirche auf die *streitende*; denn ein Lieutenant, der einen *landesherrlichen* Füselier schon mit bloßem Stock erschlägt, kann doch der Mann nicht sein, dem es schwer fällt, einen feindlichen mit dem Degen zu erstechen – ist sonst alles gleich. – Daher lässet man eben der Prima Plana mäßiges Fuchteln zu, nach einem alten Grundsatz der Jägerei, die noch früher Hetzhunde an *zahmen* Schweinen für *wilde* Sauen einhetzt.

Sonst dacht' ich freilich, Krönlein und Raupert schlössen in dieser Gruppe etwan einen Bund von Belang. Denn ich habe auf Exerzierplätzen und auf menschlichen Tränkherden es oft gesehen, daß die Bündner einander blutig schlugen, um einer schönen Sitte der alten Welt zu folgen, worin Personen, die eine lebenslange Freundschaft knüpfen wollten, einander die Adern aufschlitzten und ihr Blut vermischten. Und dieser Vermischung begegn' ich in Schenken täglich; wiewohl der Staat solche enge Eidesgenossenschaften niemals duldet, weil schon die Römer Bündnisse im Staate verwarfen und weil sogar die deutschen Kaiser (z. B. Karl V. nach Möser) eben darum kaum Brandassekuranzgesellschaften leiden wollten.

Aber das ist bunter Zerstreuungs- oder Diffusionsraum genug für Leser, die die schwere Armfeile und Tangente des Künstlers ängstigt – und es ist nicht zu früh, wenn wir von der fünften Platte in die sechste eilen, sobald wir nur folgende drei Seiten überlaufen haben. – Auf diesen stell' ich bloß die Betrachtung über die Seiten an, womit ich glänze; und darunter ist wohl dieser Kommentar am wenigsten auszulassen, durch welchen ich, wenn nicht die 10 Gebote oder Holzschnitte heller erkläre, doch weiter verbreite. Wenigstens kann mein Kommentar doch die 10 Gebote auf tafelfähige Schmerbäuche – d. h. auf deren Gilets als Stickerei –, auf Fächer, in Taschenkalender als 12 Monatskupfer, abbossiert in Bilderuhren als 12 neue Stundenfiguren bringen, einstweilen sag' ich, bevor eine Zensurkommission – wozu noch schlechte Hoffnung vorhanden ist – so viel Einsicht hat, daß sie besagten Katechismus verbeut. Was helfen aber dem Staate alle Zensurkollegien, wenn man gerade den besten Büchern das Privilegium des Verbots entzieht oder gar elenden und schädlichen es gewährt? Wenn der Endzweck der Bücherverbote ist - wie man wenigstens hoffen muß -, für Werke, vor denen vielleicht das überladene Publikum blind vorbeigelaufen wäre, durch die Lärmtrommel des Verbotes anzuwerben - wenn ein guter index expurgandorum die Früchte des Erkenntnisbaums eben wie der Rabe die Eicheln unterscharren soll, weil sie nach diesem Verdecken nur früher aufkeimen - daher sogar der index sich selber verbieten muß, welches auch (nach Nicolai) an einigen Orten geschieht -: so müßte, däucht mich, dieses wichtige Privilegium, dieser gelehrte Adel und Orden pour le merite mit einiger Auswahl der Subjekte erteilet werden; nicht aber, wie der Wiener index tut, dem ganzen Meßkatalog in Pausch und Bogen, wie einmal Theresia die ganze Wiener Kaufmannschaft adeln wollte. Ganz schlechte oder schädliche Werke müßten nie verboten werden, da das Verhehlen oder die *Maske*, wie bei den römischen Akteurs, die *Stimme* lauter macht. Ganz meisterhafte haben zu ihrem Fortkommen der Gnadenmittel und Diebsdaumen der Zensur nicht nötig: die sympathetische Dinte, womit sie geschrieben sind, tritt schon durch die bloße *Lebenswärme* des Lesers, ohne Scheiterhaufen *brände* der Zensur, leserlich vor. Aber mittelmäßigen Werken, die viel nützen, aber wenig schimmern, und Werken und Zeitungen, die der Staat monatlich für das Volk schreiben lässet, so vielen tausend Predigtbüchern und Heilsordnungen, solchen müßte das Privilegium und Belobungsschreiben des Verbots nicht abgeschlagen werden; ein solches Großkreuz und Ordenszeichen, das ja dem Staat nichts kostet, brächte manchen literarischen Krüppel weiter und in bessere Gesellschaft. So wird auch die Bude der Tuchmacher mit dem Tuche der Schwarzröcke überzogen, weil Verschatten verschönert. Ist denn die disciplina arcani bei den ersten Christen nicht jetzt wieder nötig, die nicht bloß ihre Religionsschriften wie sibyllinische verbargen, sondern sogar aus ihren Sakramenten heidnische *Mysterien*[52] machten?

---

52 Besonders das Abendmahl gaben die Kirchenlehrer für eleusinische Mysterien aus, um es in Achtung zu setzen; und erschufen die Ähnlichkeiten des Still-

schweigens und der drei Grade, der Reinigung, der Initiation und der Epopsie. Casaubon. Exercitat. ad. ann. Baron XVI. 43.

VI.
Holzplatte des sechsten Gebots

Das Fußwaschen am grünen Donnerstag – der Gesang im Bade – Tadel der Ausleger, der Zweideutigkeiten und Thümmels – Lob der Reginen, der Ehebrüche und des Erdballes

Nicht bloß physisch, auch moralisch gingen auf den bisherigen Platten nur Aschermittwoche, Fastensonntage und Passionstage für unsern Lorenz auf: hier auf der sechsten erlebt er endlich einen grünen Donnerstag, ja wie er uns sagen wird, eben an einem grünen Donnerstag kam er wieder auf einen grünen Zweig. Wir verließen ihn auf dem vorigen Formbrett ohne Aussicht auf eine ruhige Stelle im Staat, auf eine Ferien-Bett-Stelle, ohne Kinder, ohne Geld, ohne

Mittler und Protektor, falls ihn der ausgeprügelte Altist gerichtlich verfolgte (denn der Bischof war lieber sein ehelicher Frostableiter als sein gerichtlicher Blitzableiter und blies mit dem Musikanten in *ein* Horn). So betrübt sah es noch auf der vorigen Seite mit unserem Hiob aus, dessen Leidenkelch überlief: jetzt hat der Kelch ein Loch.

Der rechte Schenkel des Revisors[53] berichtet uns, daß es hier auf der Platte Nacht ist, weil der kleine Lichtabfall von den Sternbildern nicht viel sagen will. Lorenz kömmt zuvor und sagt, wenn er den Erebus oder die zwölfzöllige Finsternis auf dem Buchsbaum (diese und die folgenden Platten sind davon) hätte zeigen wollen, so hätte kein Mensch die Leute in der Finsternis gesehen; und er opfert als Gegenfüßler der Großinquisitoren lieber die *Finsternis* als die *Menschen* auf.

Es war, fährt er fort – meine Quelle ist der rechte Schenkel –, am grünen Donnerstage nachts (denn Ostern fiel spät), als seine Regina, die an nichts dachte, ein kaltes Fußbad, unweit der fürstlichen Platteforme, gebrauchen wollte, im Schloßgraben. Vor der Welt schwimmt der Graben auf dem Stock.

Ich glaube, ich habe oft genug an katholischen und andern Höfen die Fürsten am grünen Donnerstag 12 Armen die Füße waschen sehen, um wenigstens folgendes vorzutragen. Bekanntlich werden dort nicht nur – wie gewöhnlich – die zwölf *Apostel* durch zwölf *Arme* repräsentiert, sondern auch – wie noch gewöhnlicher – die zwölf *Arme* durch zwölf *Hofleute*.[54] Dem Hofmann ist es an grünen und an gelben und welken Donnerstagen etwas Gewohntes, vor Serenissimo den Armen und Lazarus (im Himmel) zu machen: der Oberhofmeister stellet sich also wie andere Bettler *blind* – der zweite Kammerherr *lahm* – der Minister *taubstumm* (taub hinab-, stumm hinaufwärts) – der fremde Ambassadeur hat keine Nase (der Höcker hinten ist keine), wiewohl sein Hof ihm von beiden, was er braucht, zuschickt – und jeder fallite und insolvente Hofbediente spielt auf dem fürstlichen Wäschzettel leicht die Armenrolle. Nachher wenn ihnen derjenige die Füße gewaschen – d. h. bloß getrocknet – hat, dem sie seine so oft gelecket haben, und wenn sie, un-

---

[53] Sechste Gesichtslänge.

[54] Es soll den Sinnen des gekrönten Wäschers der Anblick und die Manipulation wirklicher Bettler und Krüppel ersparet werden.

gleich der schwarzen Wäsche, die man vor dem Einfeuchten flickt, nach demselben ausgebessert worden: so kömmt alles wieder in den rechten Gang, die *Armen* werden wieder, wie andere Schafe, ordentlich nach dem *Waschen geschoren*, und der Staatskörper wird wie Raupen, die man flach quetscht, und Waren so gepresset, daß er sich konservieren muß. Sind es noch dazu geistliche Wäscher (Goldwäscher), so sind sie ganz das Widerspiel der ägyptischen Priester, die sich von heiligen Tieren nur *sättigen*, nicht *kleiden*, ihnen nur das Fleisch nehmen durften, nicht die Haut; denn jene verschlingen ihre Sassen nicht, sondern enthülsen sie bloß, sie nehmen ihnen nur das Mark, ohne welches nach den neuern Erfahrungen die Bäume recht gut fortkommen, ja eigentlich nur das Blut, ja wenn man noch billiger urteilen will, ziehen sie ihnen nichts vom Leibe als das Hemd und nicht wenige gar nur den Rock.

Aber auf die sechste Platte zurück! Während *Regina* als Arme und Königin zugleich an sich das liturgische Donnerstagswaschen verrichtet, fängt oben auf einem italienischen Dach ein gekrönter Herr an zu harfenieren. Es wäre zu wünschen, der rechte Schenkel wäre über Titel und Wappen des Harfners nicht so kurz weggegangen: es nötigt mich, den Musik- und Landesdirektor in meiner Erklärung bloß unter dem weiten Namen des Serenissimus aufzuführen und zuweilen (ich wechsele) unter dem Namen Silluk.[55] – Indes nun der Silluk oben ohne sein Wissen der Flußgöttin ein Ständchen brachte – er konnte sie nicht sehen, sagt der Revisor auf seinem Schenkel –, fiel die Spitzbübin als erste Sängerin in seine Symphonien leise ein. Der Silluk kam außer sich und pausierte und guckt (man betrachte ihn auf dem 6ten Stock) staunend geradeaus. Regina ist recht froh, daß die Nacht nicht so hell ist wie nach Damascenus die erste Weihnachts-Nacht, denn die Finsternis zeugt schon nach den Heiden[56] (und auch diesesmal) die *Enthaltsamkeit*, die Nemesis, die Euphrosyne, das Mitleiden und die – Freundschaft: trotz der Finsternis bringt Regina das Badekleid in Ordnung und pausiert auch.

---

[55] Der Silluk und Athnach sind, wie bekannt, die 2 Zare unter den hebräischen Akzenten, dann kommen 4 Tetrarchen und dann 6 Pfalzgrafen (comites), 7 Generale oder Heptarchen: die Anzahl ihrer Untertanen ist so stark wie sie, nämlich sieben; also erreicht in der Grammatik wie in kleinen Staaten die Zahl der Gemeinen oft die Zahl der Offiziere.

[56] Hygin. Praef. p. 1.

Serenissimus harpeggiert einige Moll-Akkorde auf der Spitzharfe bloß diminuendo, um herauszubringen, was da unten singe. Der weibliche Badgast, der (ich sag' es noch einmal, es war pechfinster) von seinem Gesicht keinen Gebrauch machen konnte, so vorteilhaft der Gebrauch auch gewesen wäre, da der Gast wie sein Geschlecht und Abdera den Beinamen *schön* führte, der Gast griff zur Kehle und sang hinauf: Regina tat in der Finsternis ihr Herz und ihren Mund auf (wie mehrere ihres Geschlechts, so wie ich junge Vögel in meiner Kindheit nicht eher zum Aufsperren des Schnabels brachte, um sie zu ätzen, als bis ich sie in einen finstern Winkel gesetzt) und reichte eine gesungne Supplik um besseres Brot für ihren Revisor ein. Ich kann mir das Erstaunen des musikalischen Silluks recht gut denken. Er winkt die Diskantistin zu sich hinauf.... so steht wenigstens auf dem Schenkel, wiewohl mir das mit der vorigen Finsternis nicht recht zu harmonieren scheint. Die Silberdienerin tut das ohne Bedenken: sie kann droben das Glück ihres Lorenz machen, und darin sucht sie ihr eignes. – Manches weibliche Herz ist kein Magnet, sondern ein *magnetisches Magazin* von Knight, das aus 240 künstlichen Magneten besteht und entsetzlich zieht und trägt. Der große Mogul nimmt bekanntlich keine Supplik ohne ein angebognes Präsent an: es ist zu vermuten, daß der Silluk zu dem abgesungnen Bittschreiben die Beilage eines Geschenkes begehrte und daß hier der Fürst, wie in Sina, zugleich der Bischof war. Ja es ist die Frage, ob er von Reginen nicht die Huldigung nachfoderte, die bei den Hebräern im Küssen bestand.[57] –

Der historische Schenkel fasset sich über den Rest zu kurz und sagt im allgemeinen, daß der Harfner seine untertänige Sassin und Silberdienerin mit Schwüren entließ, für ihren Mann mehr zu tun, als er sich nur je träumen lassen. Das gebe der Himmel! Jetzt erwarten ich und der Salzrevisor, was denn nun der ausgestäupte Kontraaltist zu tun gedenke, und die größten Revolutionen stehen gegenwärtig auf den nächsten Stöcken bevor. –

Da ich mir jetzt einbilde, die Nacht, die über dem 6ten Holzschnitt hing, weggetrieben, wenigstens illuminiert zu haben – wiewohl ich doch aus Verstand immer so viel Finsternis stehen lassen mußte, als die Juden verlangen, um darin das *Osterlamm* zu genie-

---

[57] 1. Sa. X. 1. Ps. II. 12. Warnekros hebräische Altertümer.

ßen, so wie die Griechen der *Nacht* Hahnen (die Christen *Hennen*) opferten –, ich meine, da ich diese Platte nicht unglücklich beschattet und beleuchtet habe: so dürfte es, hoff' ich, von christlichen Gelehrten zu erwarten sein, daß sie deswegen keinen Teufels-Lärm anfangen, wenn ich nun nach getaner Arbeit mich an betrachtenden Ausschweifungen oder an ausschweifenden Betrachtungen zu erholen suche, die allgemeiner, vom Gegenstande des 6ten Stocks und *Sinns* abgelegner und im ganzen erbaulich sind, ich meine, man würde es mir nachsehen, wenn ich mich jetzt unterfinge, drei Dinge zu loben und drei Dinge zu tadeln. – Die gelobten sind. 1) die Reginen – 2) die Ehebrüche – 3) der Erdball; die getadelten sind: 1) die Ausleger – 2) die Zweideutigkeiten – und 3) Herr v. Thümmel.

Ich beginne wie Eltern und Menschen mit Tadeln –

Die Ausleger vor mir hab' ich zuerst zu tadeln. Alle, die ich nachgelesen oder als Kind auf der Schulbank gehöret habe, geben den Nachtmusikanten auf dem welschen Dach für den Psalmisten David aus und die badende Bittstellerin für die Bathseba. Weswegen tun sie das? hat in diesem Spiele mehr ihre Einfalt oder ihre Spitzbüberei die Hand? Ich sorge, letztere. Einfalt ists gar nicht: sie sehen recht gut wie der Leser ein, daß der Formschneider nicht den alten David mit einer Davidsharfe und seiner vierpfündigen Krone werde aufs Dach herausgenagelt haben, damit er der Magdalene im Fußwaschen Bußpsalmen vorklimpere. Die Rabbinen verbieten aus einem sehr feinen Gefühl, lange die weibliche Kleidung anzusehen; und dem gekrönten Herrn, der da oben vom Altan herunterguckt, wird der Anblick der – Kleidung erspart: sieht diese Feinheit des Gefühls dem alten David ähnlich, der leider gegen zwei benachbarte Gebote zu oft den Sultan spielte? – Hingegen einem neuern zärtern Herrn sieht das gleich. Aber Schelmerei und Spitzbüberei neuerer statistischer Exegeten bricht durch die ganze Version des Stocks hindurch, wenn sie einen oder den andern spätern Silluk, den sie ganz gut kennen, für einen David ausmünzen wollen. Sie möchten uns gar zu gern bereden, daß Serenissimi, gleich dem Psalmisten und überhaupt wie alle orientalische Dynasten und Hospodars, dafür halten, alles, worüber ihr Zepter reicht, besonders Weiber, sei ihnen verfallen, wie etwan dem, der den Gehenkten löset, alles gehört, was der Radius seines Schwertes umzirkelt; und daß sie bloß deswegen nach ihrer Rolle so sehr naschten wie die Einwohner von

Aix sonst nach der Rolle des Teufels, wenn die Passion tragieret wurde, weil nach dem dortigen Gebrauch der mimische Satan alles behalten durfte, was er mit seinen Krallen erraffte.[58] Allerdings *weiht* der Papst den Fürsten am Sonntag Laetare güldne *Rosen*; aber die schönsten, die weiblichen, würde der alte Herr dadurch *entweihen*. Der Ausleger, welcher Fürsten zum David herabsetzen will, hat vielleicht nie bedacht, daß Thronen Bergen gleichen, auf denen sich von jeher das Beste in der Welt aufhielt, z. B. (ich nenne die ungleichartigsten Dinge) die schönsten Blumen - der beste Honig daraus - alte Städte - Metalle - Gräber berühmter Männer - die beste Schafweide - die beste Viehzucht - die Römer von Range - die Freistädte - und in Japan die - - Hochzeiten.

Zweitens hab' ich hart mitzunehmen die Zweideutigkeiten. Der *Schmutz* vermehret zwar das Gewicht der *Einfälle* und der *Dukaten* um zwei bis drei Asse, es ist aber besser, das Gold für Kot anzusehen als den Kot für Gold. Ich verachte schon darum alle unsittlichen Zweideutigkeiten, weil es viel leichter ist, sie zu erfinden als zu vermeiden, in welchen letztern Fall unser unkeusches Jahrhundert jeden Autor setzt. Ich bat einmal einen Herrn von vieler Lebhaftigkeit, der keine andere Venus Urania sich denken konnte als die à belles fesses, mir unter allen Möbeln und Nippes meiner Zimmer (ich machte sie alle auf) ein einziges Stück zu zeigen, wobei er nichts dächte. Er suchte darnach, er fand aber keines.

58 L'art d'orner l'esprit en l'amusant par Pittaval, I. P.

Drittens macht' ich Hoffnung, mich über Herrn von Thümmel aufzuhalten. Ich wollt' aber, ich hätte lieber versprochen, ihn zu loben. Warum durft' es der böse Feind so karten, daß du, lieber Th., ehe du nach deiner Ankunft in den großen Korrelationssaal oder das Odeum oder Beigangsche Museum und bureau d'esprit des literarischen Publikums einträtest, wo alles auf dich und deine Bijouterien und auf die Blitze deiner Ringe und auf deine vollendete Ausbildung hinsah, ich sage, warum durft' es der Teufel so spielen, daß gerade vorher, ehe du herrlich ins Museum hineinschrittest, unten an der Haustüre - denn die Wege können auf einer so langen Reise unmöglich so reinlich sein wie eine belgische Stallung - kein einziger *Dekrotteur* zu ersehen und zu erschreien war? - Es ist ein verdammter Streich. Denn jetzt wandelst du mit deinen Halbstiefeln und ihrem boue de Paris im Museum herum, und keine Dame, die nur einigermaßen weiß angezogen ist, kann sich - denn wir Männer nehmen es nicht genau - zu dem Manne hinsetzen, der sie ebensosehr belehren als amüsieren könnte und in dem ein verschwenderischer Genius so viel Witz und Ton und die feinste Laune, deren Genuß und noch mehr deren Nachahmung den Deutschen noch ein halbes Säkulum fremde bleiben werden, mit dem Reichtum des Gefühls und der Sprache und der Kenntnisse verbunden hat. - Ist das nicht zu hart gegen ein Geschlecht, das du selber niemals hart antrafest?

Man betrachte meinen insolventen Revisor: er hat wenigstens einige Pfennige dem Dekrotteur zugewendet und erscheint auf allen seinen 10 Stöcken recht sauber. Die größte Genialität ist so leicht mit der größten Heiligkeit ihrer Anwendung zu vermählen, daß der glänzende unzugängliche *Montblanc* unsers Parnasses, Goethe, der nun zergliedert, was er sonst erschuf, *Blumen* und *Licht*, in der ganzen Sammlung seiner Werke, die Göschen in Leipzig verlegt, sich nicht ein Wort entfahren lassen, das nicht ich oder Rousseau von der Kanzel ablesen wollten. Ja obgleich die Naphthaquelle eines leuchtenden Witzes am ersten zu jenem Fehler führt: so folgte doch der genialische Kommentator Hogarths - der deutsche Repräsentant des ganzen goldnen Alters der Königin Anna, wenn ich so sagen darf - mehr dem *Imperativ* seines Ichs als dem *Indikativ* seiner leichtsinnigen Figuren.

Nun hab' ich zu loben, versprochenermaßen. -

Und zwar erstlich die Reginen, nämlich die Weiber, die wie meine Regina verfahren. Eine gute Silberdienerin liebt ihren Revisor ungemein und möcht' ihn, wenn sie könnte, bei sich tragen wie einen Strickbeutel: das geht aber nicht, und daher sinnt sie auf Mittel und Wege, ihn wie Uhren (wiewohl die Schweiz nur *eine* gestattet) doppelt zu haben, indem sie sich nach einem Repräsentanten und chargé d'affaires desselben umtut. Schon Franklin riet den Europäern, zu nachts die Betten zu wechseln, um besser zu träumen: man kann dem Amerikaner auf viele Arten hierin zu Gefallen leben. Haller bemerkt, daß man im Zorn oft doppelt sehe[59] : aber heftige Liebe ist ein noch besserer Doppelspat und zeigt den Gemahl leichter zweimal; und da man nach den Theologen[60] drei Willen auf einmal haben kann, einen substantiellen und zwei natürliche: so kann eine Frau, und wenn sie zehn natürliche Willen hätte, doch den substantiellen dem Gemahle aufbehalten. Ich dringe aber nur auf drei Willen, welches das wenigste ist, was ich fodern kann: denn wenn z. B. am Ende des 14. Jahrhunderts drei Päpste auf einmal die Kirche oder christliche Braut beherrschten, einer in Rom, einer in Frankreich und einer in Spanien: so seh' ich nicht, warum in einer kleinern Familie nicht, wenn nicht drei *allerheiligste*, doch drei *allerseligste* Väter sein können, die sich mehr mit *Beatifikationen* als *Kanonisationen* befassen.

Folglich ist das Duplieren und Rikoschettieren des ehelichen Balles, des Herzens, weiter nichts Bessers und nichts Schlechters, als was jeder Kommentator von Holzplatten zum sechsten Gebot billigen kann und wird. Ich verhoffe, was von Weibern gilt, das gelte auch von uns Männern und stärker dazu: *fällt* denn darum der Gemahl - und *wohin* denn am Ende? -, wenn er die Gemahlin doppelt sieht, z. B. *sie* in seinem Museum und nachher gleich darauf ihre Milchschwester - Mitmeisterin - Maskopeischwester und Reichs-Vikaria etwan in der zweiten Seitenloge oder im farnesischen Palast oder in der Universitätskirche, oder wo es sei, ich frage, ist denn diese Verdoppelung ein Zeichen des Falles, wie etwan nach Haller

---

[59] Thes. medico-pract. coll. Hall. T. I.

[60] D. h. nach einigen Monotheleten; andere Monotheleten sagten hingegen, der menschliche und der göttliche Willen wären zwar da, wirkten aber vereint - andere, beide wären einer geworden. Mosheims Kirchengeschicht. 3. Teil.

ein Schieferdecker, vor dem die Gegenstände verdoppelt erscheinen, zu stürzen fürchten muß? – Ist nicht höchstens die Verdoppelung selber der Fall?

Ich erinnere mich, daß ich zweitens mich anheischig gemacht, die Ehebrüche zu erheben, sowohl die doppelten als die einfachen. Aber ich breche ganz keck das Wort.

Ich habe ohnehin den Erdball noch zu rühmen: manches Gute, was ich von diesem vorbringe, kömmt dann wohl auch seinen Ehebrüchen zustatten.

Ich fange demnach an, mein drittes Versprechen zu halten. Ich nehme für bekannt an, daß wir alle sagen: der heilige, der *keusche* Mond; ein Beiwort, das sein weißer reiner Strahl, seine Kälte und seine mythologische Verwandtschaft mit Dianen verdienen. Nun hab' ich oft am Tage, wenn es Neumond war, hinauf in den Himmel geschauet, wo er unweit der Sonne, obwohl ungesehen, stehen mußte. Einmal tat ich gar mit den Springfüßen der Phantasie selber einen Sprung in den Mond. Ich fand natürlich alles droben bestätigt, was ich hier schon aus Astronomien wußte, daß es im Neumond auf der Seite, wo ich landete, Nacht war und daß ich, wenn ich auf die unter der Sonne im Feuer stehende Erde blickte, dieses Tageslicht in solcher Ferne aus dem finstern Mond für ein zauberisches, dem Mondlicht gleiches Erdlicht nehmen mußte. Ich spazierte ungemein vergnügt auf der magischen Mondscheibe auf und nieder: denn ich hatte auf der rechten Seite die schönsten Mondsgebirge vor mir – die niedrigsten bestehen aus lauter Gotthardsbergen und Montblancs –, auf der linken mitten in einer überblümten Ebene eine ungeheuere trockne Bucht, ungefähr wie ein rein ausgeschöpfter Ladogaischer See, und über mir das erhabenste tiefste Blau. Ich fand den Himmel dort noch erhabener und dunkler als auf den Alpen; und schreib' es der ungemein dünnen Bergluft (unsere ist dagegen Leinöl) zu, die nicht einmal drei silberne Sommerwölkchen tragen kann. Am meisten aber glänzte am blauen Himmelsbogen, gleichsam wie an einer blauen Schärpe ein breites silbernes Schärpenschloß (Ceinturon), unsere schimmernde Erde vor, die vielleicht an die Peripherie eines starken Spulrads reichte, wenn sie solche nicht überstieg. Ich letzte mich nicht lange an der reinen weißen Voll-Erde, als ein Selenit und eine Selenitin (sie wurden bald nach meiner Abreise kopuliert) in den feuchten duftenden Blumen daherwateten. Er war ein guter bukolischer Dichter und hatte droben *»Aussichten in die Ewigkeit«*[61] herausgegeben, sie war seine Leserin. Der Mann im Mond und die Jungfer im Mond hatten wegen ihrer Bergluft viele Ähnlichkeit mit Schweizern, besonders hatten sie von ihnen jene freudige unbefangne Offenheit des Gesichts, die ein stilles Leben und ebenso viele Freuden als Tugenden voraussetzt und die mir niemals erschien, ohne vor meiner glücklichen Seele auf einmal alle Jugendjahre und Jugendträume und ein ganzes Arkadien aufzuschließen. Die Jungfrau blickte, selig bewegt von Lieben und Sehnen, nach der lichten Vollerde: denn es gibt auf keiner Welt ein Leben, das nicht eines zweiten bedürfte, und auf allen Kugeln drückt die enge Fruchthülle und Samenkapsel aus harter Erde das ewige Herz. Der Jüngling sagte sanft zu ihr: »Wohin sehnest du dich, Teuere?« - Sie versetzte: »Ich weiß es nicht - nicht wahr, du glaubst, daß wir nach dem Entschlafen auf die schöne selige Erde kommen?« - Der bukolische Dichter sagte: »Ja wohl hab' ichs in meinen Aussichten in die Ewigkeit nicht ohne alle Schärfe bewiesen. Denn hier auf dem verglaseten Mond voll Krater, gleichsam voll Gräber der Vorwelt, da ist unsere Heimat nicht - dort droben aber auf der *reinen keuschen Erde* sind wir zu Hause. Schaue den silbernen funkelnden Gürtel[62] an, womit sie aufgeschmückt durch die Sterne zieht, gleichsam ein Kranz aus weißen Rosen, eine um sie herumgewundene verkleinerte Milchstraße. Prächtig, prächtig! Dort auf der stillen Erde, meine Liebe, da hören die Mängel der Seele auf - dort wird das reine Herz nur sanft erwärmt und nie befleckt und nicht erhitzt - dort sind die Tugenden, die Freuden und die Wahrheiten drei ewige Schwestern, und sie kommen immer Arm in Arm zum Menschen und fallen ihm verknüpft ans Herz...«

---

[61] Nach den ältesten Philosophen und nach den neuesten nordamerikanischen Wilden ist jedes Ding zweimal vorhanden, das erste Exemplar ist auf der Erde, das zweite im Himmel. Daher setzt der Lavater auf der Erde einen im Monde voraus, und ihre Aussichten unterscheiden sich in nichts im als Standort.

[62] Ducarla bewies, daß die Sonne über alle Länder, durch deren Scheitelpunkt sie geht, einen 200 Meilen breiten Gürtel von Regenwolken ziehe, der sie, wie ein Saturnusring, immer, nur an andern Zonen, umschlinge. Lichtenbergs Magazin usw. 3tes Heft.

Die Seleniten hörten hier etwas hinter sich seufzen: das tat ich. Es war mir nicht gut mehr möglich, mich zu verbergen; ich trat also mit verstörtem Gesicht vor den bukolischen Dichter und sagte: »Gegenwärtige Person ist selber ein Terrener, reiset gerade aus der teutschen Erde her und ist ein Himmelsbürger aus Hof in Voigtland. Aber teuerste Selenitin, bei uns droben siehts windiger aus, als man allgemein im Monde präsumiert. Diebe - Diebswirte - Sabbats- und Wochentagsschänder - personae turpes - Yahoos - langatmige kurzsichtige gekrönte Gibbons - verschiedene, die nichts tun - mehrere, die nichts denken - Grobiane und selber Rezensenten, die nicht immer alles überlegen, was sie schreiben.... das sind einige von den Seligen und Vollendeten, unter denen die Erde das Aussuchen hat. Der weiße Rosenkranz um unsern Globus, der Sternengürtel, dessen Sie beide oben erwähnten, ist aus Wolken und Platztropfen geknüpft. Und die vielen *Erdflecken*[63] , die wir sehen, können nicht wie die *Mondsflecken* den Namen großer Gelehrten führen, sondern die Namen großer Spitzbuben, weil wir unsere Erdflecken zu Leber- und Sommerflecken unsers innern Menschen machen und besagte Flecken mit Wasserschlitten befahren, die entweder Menschen oder Waren oder Leben stehlen sollen, daher wir die Einteilung in Sklaven-, Kaper- und Kriegsschiffe wirklich haben. Bester bukolischer Dichter, beste bukolische Dichterin, was endlich die reine keusche Erde anlangt, so wissen Leute, die darauf wohnen, am besten, was daran ist; wiewohl es doch manchem von Adel schwerer fällt, seine Ehe als sein Wort zu brechen; inzwischen fehlt es auch uns an *Großen* nicht, die bis zur Ausschweifung Ausschweifung hassen, ich meine damit die - Elefanten. Sollten Sie beide einmal wirklich in unser himmlisches *Zion*, wozu wir schon die *Zionswächter* besitzen, nach dem Sterben ziehen: dann.....«

Dann zog ich selber ins Zion zurück. Denn der Postbediente brachte mir die Zweibrücker Zeitung, die aber diesesmal wider ihre Gewohnheit nicht sonderlich interessierte, sondern bloß (entsinn' ich mich recht) eine tote Nomenklatur von Guillotinierten und von zergliederten polnischen Provinzen auftischte. -

---

[63] So erscheinen dem Monde die Meere der Erde.

VII.
Holzplatte des siebenten Gebots

Glück über Glück – Zenturien und Departements der Diebe – Nachteile der Volksarmut

Der rechte Stiefel des weimarschen Konterfeies unterrichtet mich, daß der Freudenbecher unsers Revisors, welcher bisher entweder ein ekler Brechbecher oder ein Vexierbecher (diabetes Heronis) gewesen, der den Wein unter den Lippen wegstahl, sich endlich in einen herrlichen Lebens-Willkommen und in eine spirituöse Bowle verwandelt habe. Das geschah seit dem Dach-Verein auf der Platte des sechsten Gebots. Hier auf der siebenten sucht er die Austrocknung seines pontinischen Lebens-Sumpfes, der bisher dem Sumpfvogel mit einer ganzen Windsbraut von brennbarer Luft zusetzte, geschickt zu zeigen. Hinter dem großen Gezelt, das der Leser hier sieht, stehen - wie der Stiefel berichtet - unzählige größere fürstliche, die nicht zu sehen sind und die man auf dem engen Stempel nur halbiert (obwohl unsichtbar) hinter dem Zelt des Vorgrunds aufspannen mußte. Was hinter dem sichtbaren Zelte vorfällt, kann unsere Aufmerksamkeit erwecken. Das ganze Lustlager breitet sich frei durch den plauischen Grund des Stempels hinauf und funkelt - der Hofstaat will dem Herrn und dem Holzschnitt Ehre machen und prunkt - und welches Getümmel von Zelt-Fuggereien und Zeltschneidern und herumrennenden Hoffuriers, Leibschützen, Zuckerstößern und Beiköchen und Mitgliedern des musikalischen Personale häuft der Künstler in dem schmalen Bezirk eines Stocks, worauf sich keine Hand umwenden kann, hinter dem Vorderzelt zusammen! - Ich wollt', ich könnt' es ordentlich sehen und die Leinwand wäre so dünn wie Beuteltuch und durchbrochne Manschetten! Einiges von den Szenen hinter dem Vorhang seihet und beutelt sich wirklich durch letztern - man betrachte die schwarzen Punkte und manche Strich -, noch viel mehr filtriert sich von der Hof-Perspektive auf dem Stempel selber, den ich da vor mir habe, um ihn zu erklären; ja die Zeichnung, wornach der Revisor den Stock ausschnitzte und die zum Glück auf meine Zeiten kam, deckt Köpfe hinter der Kulisse des Zeltes auf und öffnet ein wenig das blinde Tor des Hintergrunds. Diese glückliche Vereinigung des Stocks, der Zeichnung und des Stiefels gewährt freilich einem Kommentator, für den sie zustande kommt, in seinen Stöcken Licht und Aufschloß über Dinge, die ein anderer gar nicht sehen kann.

In diesem verhangnen Lager nun, das an die Festung stößet, die hier der Holzschnitt entdeckt, tritt der Revisor vor nichts Geringeres als vor - Serenissimus selber. Sein Stiefel kann es nicht genug erheben, wie menschlich der Silluk einen elenden Untertan aufnahm und handhabte: weit entfernt, ihn etwan lebendig pfählen oder die Todesangst ausstehen oder nur knuten zu lassen, ergriff vielmehr Serenissimus den schwachen Knecht eigenhändig bei der Hand und lächelte deutlich - noch mehr, der Monarch sprach vernehmlich genug und trieb endlich - Krönlein wundert sich, daß er nicht vor Freude auf dem Platze maustot verblieb - die Huld so weit, daß er mit eigner Zunge vor 1000 großen Herren den halbtoten Staatsknecht über seinen Namen, Stand und Körper ausfragte. Der Revisor tut weiter unten auf dem Stiefel den Schwur, er wolle nicht selig werden, wenn nicht jedes Wort, was er da gleichsam statt des Leders zum Stiefel brauche, pure reine Wahrheit sei. Er beeidigt dann auf dem Absatze des gedachten Stiefels, daß Serenissimus sich so weit herunterlassen, daß Sie ihn über seine häuslichen Schnurrpfeifereien, über seine Stuben, seine Eß- und Schlafzeit, über seinen Schlaf (ob solcher fest) und über den gesunden Stand seines Bettleins verhörten.

Aber hier ist der Revisor nicht mehr seiner mächtig, sondern schreibt oder besohlet im Feuer den Stiefel immer länger hinaus bis zu einem Schnabelschuh und Riesenfuß und legt dem obersächsischen Kreis die Frage vor: wenn ein solcher Herr, der mit diesem Feuer die Landeshistorie und die Familiengeschichte des kleinsten Landskindes treibe, nicht ein frommer und menschenliebender Herr wäre, so müss' er selber (der Salzrevisor) nicht recht bei Sinnen sein, und er huste auf den Kreis.

Er fährt nun oben auf dem linken Schenkel fort und macht bekannt, daß sein gnädigster Herr ihn versichert habe, er wolle besonders für ihn sorgen und ihm, um ihn näher zu haben, einen ruhigen Posten in seinem Palaste anweisen. Der Regent sagte, ein solches Form-Talent (im Holzschneiden) müsse der Staat noch mehr benutzen und ermuntern, als bisher geschehen; und es soll' ihm hiemit aus der Hauptsalzkasse ein kleiner Stock und Fond oder eine Baubegnadigung zum Holzeinkauf von gutem Buchsbaum für Formbretter und zum Schärfen der kleinen Meißel, die dem Formmesser nachstoßen, vorgeschossen werden. – –

– Und mitten unter der Rede wurde schon der Hauptsalzkassierer zur Auszahlung befehligt! – »Ich konnte es nicht in diese Hosentasche bringen: o Gott, welch ein Landesherr!« schreibt hier der selige Mann eben auf der besagten Tasche.

Ich glaube, hiemit hab' ich vielleicht das Interessanteste von den unterirdischen Schätzen gehoben, welche dieser Holzschnitt hinter dem Schanzkorb des Zeltes verwahrt.

Unerheblicher ist, was die Platte hier sehen lässet; und nach einer solchen Ausführlichkeit, womit ich den unsichtbaren Teil derselben ins Licht gesetzt, erlaub' ich mir vielleicht mit Recht, den sichtbaren bloß flüchtig zu berühren.

Es ist bloß ein Zelt mit einem Hauptsalzkassierer, der aus dem Kammerbeutel ein Benefizium für den Künstler hebt. Die Kasse hat, nach der Länge seines Ellenbogens zu schließen, nicht wie ein Handwerk bloß einen goldnen Boden, sondern noch vollen goldnen Regen bis ans Schloß. Die Ärarien von Belang gleichen den schwammigen Bechern aus Efeuholz, die man sonst als langsame Filtrierhüte gebrauchte und die sich in drei Tagen selber austranken: ebenso geben sich große Ärarien gleichsam selber aus. Der Hauptsalzkassierer leistet die Zahlung mit solchem eiligen Widerwillen, daß er aussieht, als stähl' er; daher auch die meisten Ausleger vor mir die Überschrift des Holzschnittes auf den Kassierer bezogen, als mach' er die Landkasse zu einer Operationskasse und zum Repertorium für sich selber. Aber der Beamte ist ehrlich; und ich glaube nicht, daß man, gesetzt er steckte einige Rollen zu seinem Gebrauche mit bei, oder er hätte sie in das untenliegende Paket geschnallt, sagen könnte, er stähle. Wenigstens wäre der Ausdruck nicht mit folgenden Grundsätzen zu reimen.

Die Diebe in England lassen, wie uns Archenholz berichtet, sich so wenig untereinander mischen als Adelung die Arten des Stils: ein berittener Räuber unterscheidet sich von einem Infanteristen so sehr wie von einem ehrlichen Manne, der Fußgänger kann wieder entweder in Häuser oder in Taschen einbrechen usw.; das Orgelwerk von Spitzbubenpfeifen hat die verschiedensten Register; und kein Räuber von Ehre lässet z. B. die Injurie Taschendieb auf sich sitzen. Dieses Kaperschiffsvolk ist eine Nachahmung - aber eine verbotene - von den Ernte-Sozietäten im Staate: z. B. der Forstbediente kann zwar Klafterholz unter dem rechtmäßigen Titel Ab-, Busch- und Überholz erheben; aber wollt' er sich einiger Scheffel herrschaftlichen Getreides bemächtigen: so würd' er dem Verwalter ins Amt fallen, der allein solche errungene Scheffel als eingeschwundene in seinen Rechnungen aufführen darf. Kein Graf, der alle Perlenbäche seiner Grafschaft durch einen Kniegalgen zu Regalien erklären kann und soll, kann doch die elendeste Perlenschnur einer Hofdame zerreißen und einige davon als Perlenfänger in seine Tasche laufen lassen. Der größte Regent darf keinem Individuum einen Gulden nehmen, aber allen Individuen auf einmal kann er hinlänglich abnehmen unter dem Namen Extrasteuer. Und so ist jeder von uns (ich rede von polizierten Staaten) auf seine besondere Kaper-Dividende angewiesen und eingeschränkt, die er nehmen darf – greift er nach einer fremden, so stiehlt er –; folglich könnte ein Griff, womit der Hauptsalzkassierer sich einen Intraden-Vorschuß, metallische Rechtswohltaten oder ein *Abzugsgeld* herausholte, zwar ein Hand-, aber nie ein Diebsgriff heißen: denn die Kasse ist eben seine Leihbank und sein Raubschloß. Die Ähnlichkeit mit den Handwerksinnungen erläutert vieles besser: der Grobschmied darf nur mit Horn- und Raspelfeilen, der Kleinschmied mit feinern schaben und sägen; der Tuchmacher kämmt seine Wolle mit einfachen Kämmen, mit doppelten ist nur Zeugwirkern erlaubt usw.

Es kann nicht geschlossen werden, als bis ich meinen lieben Buchsbaum-Medailleur geschützet und gerettet habe gegen tausend Kenner, welche den Grund fodern können, warum er der Nachwelt auf einer ganzen Platte nichts Wichtigers vorführt als einen Kassierer.

Ich muß dazu weit ausholen und gründlich gehen.

Wenige Menschen haben Geld, ausgenommen eben diese wenigen. Der *Kirchenvater* Augustin nennte die Armen seine Kinder; die *Landesväter* können noch besser umgekehrt die Landeskinder ihre Armen heißen. Ich rede hier nicht von mir und den Poeten. Ich meines Orts versehe mich außer Hause mit wenigem Geld, aus Grundsätzen der Naturlehre, weil ich weiß, wie sehr ich damit den Blitz – die Schmeichler ohnehin – ziehe, und im Hause gilt dieselbe Vorsicht. Aus solchen physikalischen Gründen haben sich die Poeten längst erleichtert, weil oft 10 Gewitter, zumal die der Kreditoren, tagelang über ihnen standen und nicht weiter wollten. Aber ich rede von unsern gemeinen Nichtlesern, welche säen und ernten dürfen, aber nicht backen, und für welche das Staatsgebäude ein jerusalemitischer Tempel ist, in dem ein Jude (nach Lightfoot) kein Geld bei sich haben durfte, und welche gleichsam Staats-Mönche sind, die dem *Prior* nach der Ordensregel ihre Barschaft einhändigen. Die Gründe, warum der Staat über diese wohltätige Verarmung wacht, verdienen es, daß ich sie in dem eignen Opus, das ich hier der Welt verspreche, fast mit ekelhafter Weitläuftigkeit auseinandersetze. Er hat dabei weniger die Absicht, zu entvölkern –

wiewohl Völker und Hühner gerade dann keine *Eier* legen, wenn sie in der Mause sind –, noch weniger die Absicht, zu verschlimmern – wiewohl gerade *Hungrige* oder Nüchterne sich am ersten durch *Epidemien* verpesten –: sondern was der Staat durch sein notwendiges Berauben der Leute bezweckt, ist ihr Bereichern, so wie man sich früher rasieren lässet, um den Bart zu beschleunigen, oder so wie die Bienen niemals fleißiger und reicher eintragen als in *leere* Körbe, die man deswegen verdoppelt und zeidelt. Daher ist es ein besonderes Glück, daß es mit einem Staate so beschaffen ist wie mit einem Fischteich, in dem allzeit die *Hechte* oben schwimmen, die *Karpfen* aber (worauf jene stoßen) *unten* im Schlamm. –

Man lasse mich aber weiterreden. Bei solchen Umständen ist also nichts natürlicher und notwendiger, als daß jeder Mensch keine andere oder nähere *Almosenkasse* hat und kennt als – gar nicht etwan die *Stadtkasse* oder die *Reichsoperations-* oder die *Witwen-* oder die *Heilandskasse,* sondern – keine andere Kasse als die *Surpluskasse....* und diese hat kein Teufel: niemand hat *genug,* geschweige *zu viel;* mithin hat niemand auf der ganzen Erde etwas zu verschenken, oder er bricht sich selber die Notdurft ab. Ein Freiherr ist darin so schlimm daran als ein Freisasse; und die menschenfreundlichsten Millionäre haben für den Armen weiter nichts in ihrem *Geldbeutel,* als was sie in ihrem *Herzbeutel* haben, nämlich ihr Herz, aber nichts *Hartes* und Solides....

Jetzt stelle sich der Leser das Erstaunen eines Lazarus vor, den auf einmal ein Regent durch Hauptsalzkassierer in Gold einfassen lässet. – – Der Lazarus ist außer sich, er vergisset sich und alles, er weiß nichts zu machen – als die 7te Platte und den zahlenden Rendanten auf ihr. – Und so beschirm' ich (denk' ich) den Revisor gegen manchen. –

Ach man sollte sich mitten im frohesten Kommentar guter Holzplatten bei den moralischen komplizierten Brüchen und Wunden aufhalten, welche der Staat dem innern Menschen durch die Aushungerung des äußern schlägt! Denn wie können die Millionen Stubenbettler unserer Staaten, die von einem Kreuzer zum andern leben, z. B. die 150 000 Spinner im Österreich, die zu jedem sanften Ton in ihrem kakophonischen Dasein die Saite erst aus 120 Wollenfäden spinnen müssen – wie man zum C auf dem Kontrabaß ebenso viele Darmfäden von 12 Hammeln nimmt, deren Wolle jene verspinnen –, wie können diese Armen einen elenden Groschen verachten, auf den sie den ganzen Tag losarbeiten? Wie zusammengeknüllet und zusammenfahrend muß nicht eine Seele werden, die der Magen im Hungerturm des Staatsgebäudes parforce jagt und die wieder auf die Vorjagd des nächsten Bissens geht? Woher will die Humanität des froh lebenden Griechen, die Moralität des freiern, vom Glücke emanzipierten Menschen einem müden Geiste kommen, der keinen größern Zirkel von Ideen kennt als den seines Spinnrades und keine andern Radien als die der Weife, und der keine Lust hat als Eßlust? – Solange daher noch das Erdgeschoß des Staates ein Amsterdamer Raspelhaus voll Arbeitsstuben ohne Ruhebänke bleibt – und dieses bleibt so lange, als im höchsten Stockwerk des Staates nichts als Braut- und Grahams himmlische Betten stehen, die man nur verändert und nie verlässet –: so geb' ich nicht so viel, als ein altes Weib in *einem* Tag erspult, um die Kultur des Volks und um tausend andere Sachen.

Ehe ich das siebente Gebot verlasse, weis' ich noch flüchtig auf einen feinen Zug des Künstlers hin, den Tausend übersehen. Er war dem Artisten wichtig genug, um ihn durch die Verhüllung der ganzen Gellertschen und Zimmermannschen Unterredung mit Serenissimo zu erkaufen. So wie nämlich die Hiobsplagen unsers Revisors abnehmen, so merzet er auch die Akteurs auf den Platten aus. Von Gebot zu Gebot schwindet wie in einer Anglaise einer weg. Im ersten Gebot geht noch das volle Siebengestirn – im zweiten fährt die Kunst bloß mit Sechsen – im dritten mit Fünfen (denn der kleine Holzhacker ist der Symmetrie wegen ins fünfte überzurechnen) – im vierten mit einem Postzug – im fünften zählen wir mit dem Latus-Holzhacker ein dreistimmiges Chor – im sechsten Gebote agieret wie gewöhnlich eine Stimme weniger – das siebente kömmt wie ebenso gewöhnlich mit einem Solospieler und Konklavisten aus. Das achte haben wir gar noch nicht vor uns; und daher wollen wir uns an dasselbe machen.

VIII.
Holzplatte des achten Gebots

Aktenauszug des Injurienprozesses, Prügel betreffend - Landstände in partibus infidelium - poetischer Geist der preußischen Kopisten

Einmal freilich nimmt doch - wie in Staaten - das Amputieren und diminuendo des Personale ein Ende, und die Aristokratie des vierten Gebots kehret nach dem Umwege durch die Oligarchie des 5ten und 6ten Gebotes aus der Monarchie des 7ten wieder im achten zurück. - Was zeigt nun Krönlein hier der Welt?

Das wird man sehen, wenn man mich höret. - Voraus muß ich sagen, daß er die schöne Zerfällung seiner gezeichneten confessions oder memoires in zehen Gesichtslängen aufgibt und verabschiedet, weil ers nicht anders machen kann, da er seine Schenkel und Beine, die in den Gesichtslängen der Zeichner nur einfach gerechnet werden, in duplo besitzt, der völlig ausgelassenen Arme nicht zu erwähnen, die ein Mann doch auch an sich hat. Die paraphrastische Erklärung der 8ten Platte schenkt er uns nun auf dem nicht geräumigen Wickelstrumpfe und dem wenigen, was er von seinem weit zurückgezognen linken Schenkel und Beine vorzeigt. Überhaupt würde die Literatur gewinnen, wenn mehrere Kunstkenner und einige Geschichtsforscher, sobald ich die Federzeichnung wieder ins französische Schlößchen zurückgeliefert hätte, zu einer literarischen artistischen Reise nach Weimar zusammentreten wollten, bloß um das Krönleinsche Konterfei selber zu studieren und um nachher mit ihren Entdeckungen hervorzugehen: nur durch eine solche Konföderation ausgezeichneter Männer zum Studium des weimarschen Vexierbildes möchte vielleicht (sollt' ich denken) eine befriedigende Erklärung des Federspiels und der Holzschnitte zustande kommen; und nach dieser konföderierten Tetrapla, Hexapla, Oktapla zöge sich niemand mit seiner einsitzigen Version vergnügter zurück als ich.

Der Deutsche soll eigentlich alles untersuchen und durchgraben; – aus einem Goldstück des goldnen Zeitalters schlägt er 300 Goldblätter, die der Buchbinder falzet; und dann löset er *ein* Blättchen davon im *Königswasser* seiner Dinte auf und schreibt mit der Goldsolution wieder 300 Seiten über das Blatt; – und ist das Dintenfaß verschrieben und verzapft, so setzt sich ein guter Martorelli unserer Nation[64] vor das Faß und drängt in wenige Quartbände die Ansichten und perspektivischen Aufrisse des gedachten Fasses zusammen. – –

Das Glück oder die Quinterne des Revisors – das Kolloquium – wurde im Lager bekannt. Auch Rauperten kömmt es zu Ohren. Der Teufel des Neides, der die Menschen eigentlich nur nach, nicht vor dem Tode quälen sollte, mietet sich im Herzen des Altisten ein und zernaget es wie eine Bücherlaus ein Cansteinisches Bibelwerk. Es verdrießt schon der Umstand den Lautenisten, daß ihn der Artist

64 Bekanntlich fassete der P. Martorelli zwei Quartbände über ein antikes Dintenfaß ab.

neuerlich abgeprügelt; aber noch mehr stinken ihn die neuen Blumenrabatten in Krönleins magern Leben an. Mit Vergnügen hätte der Harmonist des Koloristen Lebensfaden und Gehirnfibern und Nervenpaare und Arteriensystem abgeschabt, abgeschleimt, aufgedreht, ausgetrocknet und als zarte Saiten über seine Laute gespannt: er haßte ihn erstlich wie ein Teufel, zweitens wie einen Teufel. - Ich brauche beinahe die eignen Worte des Strumpfs.

Raupert verfügte sich daher vor das forum deprehensionis, welches gerade der Landstand war, und belangte den Revisor tätiger Injurien, weniger des Zungen- als Armtotschlags. Hier auf der Platte steht das Kollegium. Provokat (der Lautenist) schreiet trotzig (auf dem Stempel schreiet er stärker) und setzet der richterlichen Hand den Zeigefinger entgegen, und der Kopf tritt wie eine losgehende Kanone ein wenig zurück. In einem Tornister, den er noch nicht aufgeschnallet, hat er die Scherben der zersprungnen Laute mitgebracht, um sie dem Gerichte statt eigner Knochensplitter vorzuweisen. Provokant (Krönlein), der wie Moses an diesen Felsen geschlagen, statt ihn anzureden, steht verzagt allhier, nicht aus bösem Gewissen, sondern aus Höflichkeit gegen den vornehmen geistlichen Herrn, und hält sein Hutfutteral vor, das sein Angstschweiß wie ein Wasserrad umtreibt. Man sieht, sein Gegner ist so oft wie der große Scipio verklagt und losgesprochen worden, aber der arme Revisor noch keinmal: es richtet ihn doch auf, daß wenigstens seine Hände hinter dem Achilles-Dreh-Schild sicher sitzen. In einer alten Gerichts-Bestallung[65] heißer es: »Der Richter soll sitzen auf dem Richterstuhl als ein griesgrimmender Löwe und soll den rechten Fuß schlagen über den linken.« Vor solchen griesgrimmenden Löwen dreht nun oft das Wildpret der Gerichtsstube den Hut, wie man wahre Löwen mit umlaufenden Wagenrädern abtreibt.

Der Gerichts- und Landstand sitzt unrasiert und in einer Wach- und Schlafmütze, um die ein schönes Seidenband herumläuft, im Gerichtssessel: gleichwohl zieht er das Weinzeichen des Staates (ein Ordenskreuz, das ihm hier herunterhängt) nicht ein. Dieses Ordens- und Patriarchenkreuz geht am Herzen nieder, anstatt daß in den alten Bibeln die Kreuze aus dem Munde aufwärts steigen, unter deren Gestalt die Teufel aus den Gergesenern fahren.

---

[65] Hommel. observat. DXLVI.

Nun wollen wir als Auskultanten dem ganzen Laufe des Anklageprozesses zuschauen und das rechtliche Verfahren beurteilen. Provokat trägt unter freiem Himmel und mit dem Hute unter dem Ellenbogen einem verehrlichen, sowohl vom Turban als vom Thronhimmel bedeckten Gerichtsstande seine Notdurft, nämlich seine Schwielen vor und gedenkt eines sächsischen Blaues an seinem Leibe, den Provokant wie Stahl schön gebläuet haben soll. Was setzte ihm Provokant oder Injuriant entgegen? Ich für meine Person würde, wär' ich als sein Defensor aufgestellet worden, vielerlei bewiesen haben: erstlich daß es keine tätige Injurie war - zweitens keine mündliche - sondern drittens daß die Prügel bloß eine captatio benevolentiae gewesen. Ich hätte folglich als juristischer Elegant, d. h. als eleganter Jurist, sogleich an den außerordentlichen Unterschied erinnern müssen, der zwischen Pulsieren (pulsare) und Verberieren (verberare) obwaltet. Man verberiert erst dann, wenn man mit dem Schlag nicht bloß die Ehre, sondern auch die Haut verwundet und Diffamations- und Schmerzengeld zugleich verschuldet; aber mit dem dünngehobelten Lautenkasten war das dem Formschneider unmöglich. Mithin pulsierte er bloß, d. h. die Berührung mit dem Futteral konnte auf die Ehre des Altisten gemünzet sein. Berühren mit Futteralen beschimpfet an und für sich keinen Menschen (denn sonst injurierte, das folgte, einer sich selber, der sich damit berührte), wenn nicht der animus injuriandi (die Absicht zu beschimpfen) dazutritt. Um diesen animus zu verneinen, könnt' ich anführen, daß der Lautenist vorher gescholten habe. Mithin konnte Krönlein, da er das Schelten nicht erwidern durfte - Retorsion wird in Sachsen nicht verstattet -, weiter nichts beschließen, als den Injurianten umzubessern. Dazu geben nun die Gesetze mehr als ein Mittel an die Hand; namentlich mündliche Injurien. Der Helmstädter Schöppenstuhl erlaubt es Predigern, Schneider, Müller und Weber, kurz ganze Gewerbschaften öffentlich Spitzbuben zu nennen[66] ; ja Leyser und Carpzov halten die Klage der Innung selber für eine Injurie gegen den Kanzelredner; so wie das päpstliche Recht befiehlt, daß man eine indezente Berührung, die sich ein Mönch gegen eine Frau erlaubt, für ein Zeichen der Absolution zu nehmen habe. Ich akzeptier' also nützlichst, daß der Gegner einräumt, Krönlein habe diese Kanzelberedsamkeit an ihm versucht.

---

[66] Leys. sp. 548. Med. 7

Damit verband der Revisor noch ein anderes Mittel (als adjuvans), aber ein sanftes. Denn ein hartes wär' es gewesen, dem Verleumder, wie Charondas in Sizilien tat, einen infamierenden Strohkranz aufzutun - oder ihm, wie Edgar in England tat, die Zunge zu nehmen - oder gar, wie die Frankfurter[67] sonst, die Augen - oder ihm vollends wie König Kanut die Haut abzuziehen. Letztere aber nur mit dem Futteral eines Instruments, das man für das sanfteste hält, der Laute, leicht zu *überfahren,* zeigt den milden Menschen an. Theden sagt ganz recht: ich erkenne den großen Operateur schon an seinen Instrumenten. Schon Schläge an sich sind schätzbar, die Mandarinen in Sina und die Generale in N. N. erhalten sie häufig - der große Luther wurde in *einer* Vormittagsschulstunde 15mal ausgeprügelt - ja Rousseau hält Schläge gar für die derniere faveur der Dlle. Lambercier! Schon wenn dem äußern Menschen etwas Hartes im Schlunde steckt, woran er erstickt, wenn es nicht herauskommt, pufft man gelinde in den hohlen Rücken: daher wurden zu allen Zeiten, um harte Dinge aus innern Menschen herauszubringen, die äußern gepufft; so wie man die Wechselkinder oder Kielkröpfe spiegelt, damit sie der Teufel hole und die echten bringe. Endlich könnt' ich die Defension mit dem kühnen Gedanken schließen, daß der Formschneider bei solchen Absichten und Grundsätzen den Kontraaltisten ohne Verantwortung hätte gar erschlagen können, weil sich dieser so wenig hätte beschweren dürfen wie Drako, als das Volk letztern (nach Suidas) unter der gesungnen Promulgation seiner Gesetze aus freudigem Beifall mit so viel Mützen und Röcken bewarf, daß der Gesetzgeber erstickte. - -

Aber was bestritt oder bewies denn mein Klient Krönlein auf der 8ten Platte? - Gar nichts: er gestand alles und fügte bloß bei, er würde sich nie so sehr vergessen haben, hätte nicht Raupert so entsetzlich auf den Herrn Landstand losgezogen.

Das gab dem Prozesse einen unerwarteten Schwung.

Die Injurien gegen den Kreuzherrn wurden spezifiziert.

Dem Kreuzherrn wurde wunderlich, und er saß zwischen zwei Folterstühlen: vergab er die Injurien, so macht' er sich verdächtig und seinen Partagetraktat mit Raupert publik - züchtigte er sie, so

---

[67] Meiners Vergleichung des Mittelalters etc. I. B. p. 605.

war mit dem Altisten nicht zu spaßen. Wie wählt er nun unter beiden Wegen? – Wie ein hoher Geistlicher: beide. Erstlich sagt' er, alle Felonien verzeih' er von Herzen. Er gehörte unter die Menschen, die Liebe und Haß mit derselben lächelnden Physiognomie ausdrücken, wie in den französischen Letternkästen der nämliche Strich das *Trenn-* und das *Bindzeichen* vorstellt. Die hohe Weltlichkeit und die hohe Geistlichkeit verspüren den bösartigen entstellenden Einfluß moralischer Epidemien überall, nur nicht im Antlitz – das bleibt reizend –, wie Krätze und Friesel ebenfalls *den* Teil des Körpers schonen, den Cäsar an Pompejus' Kriegern anfallen ließ, das *Gesicht.* – Zweitens setzte der ehrwürdige, nicht entstellte Kreuzherr hinzu: nun da er persönlich dabei interessiert sei, stell' er aus Liebe gegen Feinde und gegen sein Gewissen das ganze Endurteil lieber Serenissimo anheim, und er sei Belohnen, aber nicht Bestrafen gewohnt und weiche nicht ab. Welche Linde und Milde! Der Silluk trug dazu bei: denn so sehr wirkt überall das Beispiel der Tugend mehr als alle Abendandachten und Bußlieder und Kirchenmusiken, daß, wenn ein Fürst nur an irgendeinem Menschen das Beispiel der Vergebung und der Liebe statuiert, der ganze Hofstaat dem Beispiel folgt, so wie im (umgekehrten) physischen Fall der Lakai, der seinem podagristischen Prinzipal die Strümpfe abzieht, das Podagra einhandelt und aufgreift.

Als die Sache vor den Fürsten kam, entschied er – ich fuße auf den Strumpf und das Bein –, er wolle, dem Bischof in partibus solle jede Satisfaktion gegeben werden, die er begehre; übrigens wünsch' er den Musikanten nun nicht mehr in seiner Kapelle zu erblicken. Der Landstand lehnte alles ab – denn dem Strumpfe müssen wir glauben – und bat sich bloß die Gnade aus, eine erzeigen zu dürfen: er besaß im Erzgebirge (der Strumpf hätt' es nennen können) eine artige Holländerei (sein patrimonium Petri) samt der akzessorischen Kompetenz-Schäferei. Er sagte Serenissimo ins Gesicht, niemals halt' er es aus, daß durch ihn ein Bürger verunglückte und falliere; daher fleh' er, daß er den unglücklichen Lautenisten als Ökonomus dorthin versetzen dürfe, um den Feind durch Wohltun zu gewinnen und durch die Schäferei feurige Kohlen auf dessen Kopf zu sammeln. Es wurd' ihm höhern Orts vergönnt.

Jetzt hatte der Erzbischof den fatalen Nebenbuhler samt dessen Koadjutor-Hut anständig zum Henker gejagt.

Das wenige, was ich noch beiläufig nachzuliefern habe, ist nichts als das:

Der Teufel werde erstlich aus Bischöfen in partibus klug - zweitens aus Serenissimis - drittens aus foris deprehensionis.

1. Aus Bischöfen in partibus infidelium. - Denn ein Bischof etc. - d. h. ein Erzbischof, Ordensgeneral, infulierter Abt, Oberbeichtvater, Rosenkranzbeter (eine geistliche Hofstelle in Wien) - schickt sich stets in die Zeit, d. h. in die Welt. Er gibt Gotte, was Gottes ist, und dem Teufel, was des Teufels ist, und verstößet gegen keinen von beiden; der Doppel-Zeiger seiner Seele weiset zugleich auf das 1te Jahrhundert und auf das 18te, so wie der königliche Uhrmacher, Herr Klemeyer (nach einem Vorschlage des Herrn Schulz in den Nouveaux Mémoires de l'Academie R. d. Scienc. et d. B. L. 1782) Uhren mit doppelten Weisern gemacht, wovon der eine die mittlere Zeit angibt, der zweite die wahre. - Die doppelten Weiser bringen natürlich auf die Frage, wer denn dieser hohen Geistlichkeit, die immer Laien absolviert, selber vergibt, und an welchem Orte trifft sie, die allen Sündern und Totschlägern Frei-Stätten und Frei-Städte bauet und zeigt, selber dergleichen an? - Ja Pittaval[68] berichtet sogar, daß einmal ein welscher Mörder vor den nachhetzenden Sbirren auf eine geistliche - *Achsel* entsprang: da droben saß er gedeckt; auf diesem Ararat, das wie die jüdischen Freistädte absichtlich hoch, um leichter gefunden zu werden, lag, war dem Inkulpaten wenig anzuhaben. - - Und eben das beantwortet die obige Frage recht gut: auf dieselben zwei kanonischen Achseln, auf denen sogar der blutschuldige Laie sein Moratorium und seine Quittung erspringt, rettet sich der noch leichter hinauf, der sie selber hat, wie das Haus eines Gesandten nicht nur seinen Leuten und Fremden eine Freistätte darbeut, sondern auch ihm selber. Das Gegenteil wäre Sünde und undenklich; ja eben daher, daß der Frei-Städter seine eigne Freistadt ist, die er mit Nutzen überall bei der Hand hat, und daß er in Zeiten der Verfolgung auf die Berge seiner Achseln fliehen kann, kömmt der schöne Ausdruck: auf beiden Achseln tragen.

2. Aus Serenissimis, sagt' ich zweitens: ist etwas klärer? -

---

68 dessen Art d'orner l'esprit en l'amusant P. I.

3. Aus foris deprehensionis - wozu noch die fora domicilii und die fora delicti zu rechnen - und das mit Recht. Wenige sind imstande, sich es zu entziffern, warum alles in Sachen Rauperts contra Krönlein so glücklich ablief und so schnell; ja ich glaube, es gibt nur *einen* Kunst- und Stadtrichter, der die zwei Ursachen davon weiß und sagt, und das bin ich selber. Die erste ist diese: Rechtsfreunde eilen und verfahren im ganzen lyrisch, dithyrambisch, episch genug, wie denn überhaupt die ganze juristische Kommunität viel Poetisches zeigt. Schon früh merkt Aristoteles in seinen *Problematen* an, daß alle alte Völker ihren *Gesetzen* die Form von *Liedern* gaben; daher heißen noch in der deutschen Sprache Strophen Gesetze. Die neueste preußische Gerichtsordnung gedenkt die Sache noch weiter zu treiben und will für die Welt die besten poetischen Adern öffnen: wenigstens ist es nicht ohne gute Folgen, daß sie alle Kanzleiverwandten anhält, sogar die Akten und Dekrete zu skandieren - indem sie für jede Seite 24 Zeilen fodert, und für jede Zeile 12 Silben -, und daß sie dadurch die Dikasterianten zu Rezitativen und didaktischen Gedichten von 24 jambischen Verszeilen (jede zwölfsilbig, d. h. wenigstens sechsfüßig) auffordert und zwingt. Das vom Gesetzbuche vorgeschriebene Metrum nimmt viele poetische Freiheiten an und geniert keinen Kanzlisten; daher glaub' ich selber, daß das ewige Silbenzählen aus den Kopisten, Registratoren und Gegenschreibern am Ende jene schöne Academie des belles lettres, jenen *Zesischen* Blumenorden bilde, den das peußische Gesetzbuch bezielt. - - Unter so vielen juristischen *Dichtern* hat nun ein *Künstler* das leichteste Spiel, und sie tragen gegen ihn gleichsam eine Blutsverwandten-Liebe, ja eine größere als gegen Dichter selber: denn nach Lessing liebte und lobte Pope Knellern stärker und lieber als den unersetzlichen Addison.

Zweitens machte nichts den Krönleinschen Weg Rechtens so glatt, blumig und gerade, als daß der Fürst selber sich um die armen Untertanen bekümmerte und ihnen beisprang. Den Fürsten wird oft wie dem Isaak der Segen *abgestohlen* - und den Rezensenten oft wie dem Bileam *abgezwungen* -; aber einem solchen Herrn wie Serenissimo ist nichts weiszumachen: er will überall selber sehen und steigt mit der Harfe aufs Dach heraus, und dann resolviert er erst. -

IX.
Holzplatte des neunten Gebots

Löwe der Justiz – schwache Seite des Revisors

Frankfurter Meßleute haben mirs erzählt, daß einmal auf dem Theater der Reichsstadt ein Löwe, von dem in Frankfurt kein Original-Exemplar zu haben war, ungemein gut und täuschend durch ein Paar Jungen repräsentiert und kopiert wurde, die sich in einen Löwenbalg begaben und wovon der eine die Vorderbeine des mimischen Leuen vorstellte und beseelte, der andere die Hinterbeine. Mit diesem Gefüllsel und Reichsvikariat ist ein Bühnen-Löwe zu machen. Aber wenn der königliche Löwe der Justiz in Bewegung und Atem gesetzt und bemannet werden soll: welches Heer von Administratoren und Konklavisten muß in die Haut des großen Tiers zusammenkommen, damit es gehörig schreite, wedle und brülle! Ich kann die Sache oft stundenlang berechnen und weiß am Ende so wenig wie zuvor. Ich lasse mich hier nicht auf die drei Seelen des Leuen ein, auf die plastische, auf die sensitive und die vernünftige, die unter dem Namen der drei Instanzen bekannter sind; sondern ich richte die Aufmerksamkeit der Denker bloß auf das Personale von Kuratoren, die in den verschiednen Gliedmaßen des Raub- und Säugtieres arbeiten: - den Schwanz desselben muß eine besondere Kommission bewohnen und bewegen - den Magen besetzt ein ganzes Kammerkollegium und besorgt Magensaft und peristaltische Bewegung - wie viele Regierungsräte gehören nicht zu den vier Tatzen, samt unzähligen Federmessern und Rabenkielen zu den Zähnen - und doch würd' es dem Landtier an einer Kehle mankieren, kröche nicht als Schwester Rednerin, als Spiritus rector eine Frau (etwan eine Konsulentin, eine Rätin, eine Präsidentin) in den Balg und - dekretierte.

Dieser Fall war auf der vorigen Platte: Regina machte die Kehle.

Wollt' ich jetzt noch auseinandersetzen, wie Pitt den britischen Löwen *ausbälgt* und dann metallisch und spirituös ausspritzt: so würde mich das zu weit abführen, wenigstens von der 9ten Platte.

Weshalb soll ichs verstecken, daß mich hier unser Künstler viel weniger zufriedenstellt, als er sonst pflegt? Das Publikum und die chalkographische Gesellschaft werden entscheiden - Krönlein ist nämlich wider alles Vermuten imstande, in eine solche Shakespeare-Gallery seines dramatischen Lebens, mit der er auf die Nachwelt kommen will, eine Szene aufzunehmen, worin er nichts Bessers vorschnitzt und vorzeigt als den Lautenisten samt Hammeln. Diese Platte stellt nämlich, nach Aussagen des rechten Arms - nicht des meinigen, sondern des Krönleinschen im Konterfei -, bloß den Altisten in der Pönitenzpfarre einer Schäferei im Erzgebirge vor, wo er zugleich eine Darmsaiten-Dreherei nicht bloß für seine Laute und für Silluks Kapelle, sondern auch für dessen Spitzharfe treiben soll. Eine ganze Jury von Hammeln (nämlich 12 solche Patriarchen) müssen ihr Gedärm zu *einer* Violoncellsaite zusammenschießen. Hier füttert und füllet er ihnen die Darmsaiten, eh er sie zwirnt. Im Stande, im Kniebug, im Wamsschwung zeigt sich der arkadische alte Schalk wie stets - Krönlein würde sich, wenn man ihn im zweiten Leben über diese Platte zur Rede stellte, so verantworten: »Aus bloßem Erstaunen über den sanften Bischof öffnete ich dem Schäfer und seinen Hammeln die Platte; ich dachte, es sei nichts als Menschenliebe, warum der Landstand seinem Verleumder das gab, was eigentlich dieser jenem hätte geben müssen, nämlich die Mistgabel.[69] Aber die Ewigkeit hat mich belehrt, daß die Absolution mir eine verstecktere Rache war und die Gabe ein Raub.« Und das hätt' er schon auf der Erde wissen können, hätt' er nur ein Kirchenjahr lang mit Spitzbuben Umgang gepflogen.

Wenn aber solche Künstler fallen, wie wollen kleinere stehen? Der Revisor glitt aus, weil er in das ewige Wintergrün der Kunst die Küchenkräuter des persönlichen Lebens einflocht. Der große Künstler muß in der Stunde, wo er seine Mosis-Decke aufhebt und auf seinem Berge die ewigen Gesetze der Kunst empfängt, sein tieferes Leben und Genießen und Leiden vergessen; und indem er gen Himmel steigt, muß unter ihm die Erde mit ihren kleinen Reichen zusammenkriechen und unter der letzten Wolke verschwinden. –

Inzwischen müßten die Bibliothek der schönen Wissenschaften und Herr Ramdohr mich zur Rede setzen, wenn ich nun die Schönheiten verschwiege, die gleichwohl dem Holzschnitte in jedem Betrachte noch bleiben. Aristoteles befiehlt epischen Dichtern, alle Schmuckkästchen der Diktion für den untätigen paralytischen Teil der Fabel auszuleeren und ihre lahmen Glieder damit anzuputzen. Krönlein verfährt hier nicht anders: ich glaube, niemand weniger als ich braucht von der schönwissenschaftlichen Bibliothek und von Herrn Ramdohr darauf gebracht zu werden, daß Deutschland hier auf einem Raum, den eine auseinandergebrochene Schokolade- oder Fleischbrühtafel decken könnte, nichts Geringeres beisammen habe als 1) einen Ruysdael, 2) einen Wilhelm Van der Velde, 3) einen Van der Meer und 4) einen Sachtleben zugleich. Wenn ich zuweilen die Partien dieser Landschaft einzeln kopierte und Kennern zeigte: so wurde meistens der Wasserfall aus dem Granit der ersten Nummer zugeschrieben (dem Ruysdael) – das stille Wasser der zweiten – die Hammel der dritten – die Alpe der letzten. Allein ich lächelte innerlich und sagte: »Zu Ostern 97 werden vielleicht in

---

[69] Einem Tagewerker in Sachsen wurden sonst für eine ihm zugefügte Injurie zwei wollene Handschuhe und eine Mistgabel vom Beleidiger gegeben. Döplers Schauplatz der Leib- und Lebensstrafen etc. I. T. p. 827.

Schwortz einige Notizen vom Meister und dessen Werken gedruckt und zugleich bewiesen, daß es nur einer gemacht« – und dann zeigt' ich den Kennern den neunten Stempel.

So weit der Kommentar darüber. – Obgleich der Probierstein der Kritik den indischen Amethysten gleicht, die man sonst auf Gelagen an sich trug, um *nüchtern* zu bleiben: so soll sie uns doch den Gaumen und die Geschmackswarzen für das spirituöse Getränk nicht nehmen. Leuten, die mich fragen: mit welchem Rechte wirfst du dich zum Cicerone und Ramdohr von Kunstwerken auf, ohne je selber einen Stock geschnitten zu haben? geh' ich aus Verachtung keine Antwort als die von Correggio: »Auch ich bin ein – Formschneider.« – Ich forme freilich nicht mit dem Formmesser, aber doch mit dem Federmesser, und gegenwärtiger Kommentar ist mein Werk.

Was die Künstler und Dichter anlangt, die vor oder hinter ihren Werken von ihrer darauf verwandten unsäglichen Kritik, d. h. hinter ihren Glasflüssen und *böhmischen Steinen* von ihrem *Demantport* und ihren Schleifscheiben sprechen, so vergleicht sie die Welt stets mit den Fliegen, die noch immer, wenn man ihnen den *Kopf* abgedrückt, die Vorderfüße vorstrecken, um die *Augen* zu säubern.

X.
Holzplatte des zehnten Gebots

Vokationen - Erkennungen

»Monsieur l'Intendant des lits et meubles!« - so würden alle Leser den bisherigen Salzrevisor anreden müssen, wär' er und sein Sarg nicht schon ganz zusammengefault. Auf der 10ten Platte des Zehner-Gebots hörten, wie es scheint, alle seine 10 Verfolgungen auf.

Sein linker Arm hinterbringt es gleich oben an der Achsel, daß Serenissimus den Ci devant-Salzrevisor wenige Tage nach dem Kolloquium vor sich kommen ließen und ihm nicht verhielten, daß jetzt nichts zu machen sei und keine Stelle offen stehe als bloß des Bettmeisters seine, die man Supplikanten anbiete. Die Intraden des Bettmeistertums können freilich nicht so hoch auflaufen wie die potsdamschen Bettgelder, die ganz etwas anders sind und unter deren Namen die Kur- und Neumark jährlich 10 000 Taler an den König abschickt; inzwischen ist doch im ganzen Amte mehr Ruhe und Beute - weil es ein Hofamt ist -, und der Ex-Revisor hat wenig mehr zu tun als die Ober- und Unter-Betten zu paginieren und zu bewachen und solche Kissen, die Ruhe haben (weil sie keine geben), zu verpetschieren und deswegen einwärts nähen zu lassen, damit aus ihnen die Dunen-Fülle nicht ausgekernet wird.

Es sind Geschäfte, sagte der Silluk oder Harfner, die schon halb die Frau versehen könne. Serenissimo sei der Verstand der Revisorin nicht unbekannt; überhaupt sei so etwas für Weiber, und ihnen entwische weniger hierin. Allerdings sind für das weibliche Federwildpret die Bettfedern Schwung- und Floßfedern, gleichsam kleinere Aigretten und Kokarden, die mehr tragen als getragen werden. -

Dafür aber rechne Serenissimus darauf, daß der neue Bettmeister seine künstlerische Muße zu Kunstwerken verwende, wie man sie von ihm erwarten könnte, Werke, die Glanz auf Sachsen würfen - insonderheitlich sähen Serenissimus gern, daß dem gemeinen Mann die Äpfel des lutherischen Katechismus in den goldnen Schalen von Holzschnitten präsentieret würden. -

- Und dieser Wink ist der kleine Zufall, dem das achtzehnhundertjährige Deutschland so viel verdankt, die katechetischen Platten - und meine schlechte Erklärung.

Sonst werden mit demselben Fleiße die *militärischen* Kommandowörter verkürzt und die *gerichtlichen* ausgedehnt (die Dekrete etc.) - - hier aber im Lustlager war Bittschrift und Rückendekret ein abbreviertes Ja? und Ja! -

Auf dieser Stelle der Historie steht nun der Krönleinsche linke Arm, der uns wie ein hölzerner den Weg zur zehnten Platte zeigt.

Er wurde entzückt Bettmeister. Zum Antrittsprogramm schenkt er hier der Welt einen der besten Auftritte. Als Intendant des lits et meubles untersucht' er wenige Tage nach der Bestallung sämtliche hohe Betten, ob sie noch bekielet wären wie Spinette oder befedert wie Kanzleien. Er sagt auf dem Ellenbogen des Konterfeies (er will die allgemeine Erwartung steigern) er hab' es für seine Pflicht gehalten, die bettmeisterliche Haussuchung bei dem lit de justice und Federtopf der Person selber anzuheben, der er alles verdanke, bei dem landesherrlichen. Als der Intendant die faltigen Vorhänge dieses Allerheiligsten leicht auseinander gerissen: wurd' er auf den landesherrlichen Kopfpolstern zu seinem Erstaunen und Erstarren – er sagt, man solle raten, und wettet, man nenne alles, ausgenommen was kömmt – seine Frau gewahr. »Es war ein bedenklicher Spaß und der fast allzukühn«, sagt er auf seinem Arme weiter unter dem Puls. Die Bettfrau (seine Regina) hatte sich nämlich aus Scherz (meldet er) in die landesväterliche Ruhestatt versteckt, um den Moitisten ihrer eignen kindisch zu erschrecken. Der Bettinspektor, der in diesem klassischen und geweihten Dunen Boden nichts suchen konnte als höchstens seine Landesmutter und Dogaressa, prallet vor seiner eignen *Regina* zurück, unentschlüssig, soll er erblassen oder erröten, und ist außer sich und wenigstens halbtot. Regina, welche die Folgen dieses Scherzes endlich sieht, setzt ihm nach – die Platte zeigt es – und hält ihn beim Domino und bedeutet und ermahnt ihn, doch kein Narr zu sein, sondern einzusteigen, Serenissimus werde sich totlachen, und weiter sei es nichts. Er hob aber die Arme schwörend auf, er müßte sich betrunken haben, wollt' er solche Teufeleien gegen seinen Landesvater anfangen, und sie solle augenblicklich betten. Er segelte ab, sie bettete um, und so wars vorbei.

Ich weiß nicht, ob in diesem bloß bürgerlichen Schauspiel die Kritik es leidet, daß der Bettmeister sich hier auf *einem* Halse zwei Gesichter aufschnitzte, sein schönes angebornes, das er liebend gegen die Bettfrau kehrt, und ein abscheuliches wildes, das abgewandt dem rechten Beine folgt wie jenes dem linken. Der Kunstrat *Fraischdörfer,* der das ganze Holzschnitt-Kabinett dieses Katechismus besitzt – nämlich den Katechismus, worin es steckt –, nimmt meine Meinung gar nicht an, sondern behauptet, das heiße einem Künstler Krebsschäden inokulieren statt operieren; die Platte stelle offenbar folgende Szene vor: »der hohe Dach-Harfner des sechsten Gebots sei wahrscheinlich von der Redoute mit der Maske in sein Schlafzimmer getreten, um Ruhe zu gewinnen (denn nicht nur *Monarchien* müssen *Ruhe* – Republiken aber Unruhe – haben, um die Verfassung zu behalten, wie Raynal sagt, sondern auch, setz' ich hinzu, die *Monarchen*) – Serenissimus schlage die Seiden-Gardinen zurück und betreffe darhinter, was wir alle hier vor uns haben – und in der Todesangst und Flucht hab' er mit der Rechten (indem er damit auffuhr, wie noch zu sehen) die Larve auf das rechte Ohr herumgedreht, und so schaue er mit der *Maske* nach der Tugend, mit dem *Gesicht* nach der Sünde.«

Scharfsinn ist der Deutung nicht zu nehmen, aber Wahrheit: denn aus dieser Wolke reicht uns der Künstler seinen linken Arm und zieht damit jeden aus dem Sumpf. Ein Artist weiß allemal eher als die Kenner, was er haben will. Überhaupt ist gar nicht wahrscheinlich, daß die Silberdienerin die Vorzüge ihres Geschlechts in dem Grade vergessen haben sollte, daß sie – da die Weiber, nach Haller, den Hunger länger ertragen als wir, ferner sich schwerer, nach Plutarch, berauschen, nach Unzer älter werden, kahl gar nicht werden, die Seekrankheit nach De la Porte schwächer bekommen, länger nach Agrippa[70] im Wasser oben schwimmen, seltner nach Plinius[71] von Löwen angefallen und nach allen Erfahrungen immer die Erstgebornen und bessere Krankenwärter sind – bei solchen Vorzügen ists wenig glaublich, daß die Bett-Intendantin Serenissimum beim Mantel gefangen hätte; aber – erwartet kann sie ihn sehr leicht haben. – –

Eine dritte Meinung über diesen Stock nehm' ich nur herein, damit sich der Leser vom müden Ernste der Untersuchung durch ein Lächeln erhole: wieder die Ausleger haben die dritte gehabt, nämlich gegenwärtiger Bettmeister oder (nach der Fraischdörferschen Hypothese) gegenwärtiger Serenissimus sei der keusche Joseph, und die Bettfrau sei Potiphars Frau... Armer Revisor, wie Albano seine Frau bald als Magdalena, bald als Maria in seine schmeichelnde Gemälde berief, so sollst du auch deine Regine bald als Madame Potiphar, bald als Bathseba mit deinen Katechismus-Stöcken ausgeprägt haben! –

Der fürstliche Faltenwurf des Parade-Torus bestärkte die Ausleger in ihrem biblischen Spaße nur noch mehr. – Und nun ists mir auch kein Rätsel, warum meine Kollegen den Revisor auf dem Ber-

---

[70] Agrippa de nobilit. foem. sexus.

[71] H. N. VIII. 16.

ge der ersten Platte für den Gesetzgeber Moses ausgaben: denn letzterer wurde bekanntlich mit *Hörnern* abgebildet. -

Ja nach Potter[72] und Lessing wurden schon bei den Alten nicht bloß heilige Bäume, Altäre, gemalte Flüsse, sondern auch Fürsten, Helden und Götter mit Hörnern geschmückt, weil man sie für Insignien und Sinnbilder einer ausgezeichneten Würde hielt.

- Eigentlich ist hier der fünfte Akt zu Ende, der Theatervorhang auf dem Boden und mein Amt vorbei; aber der Vorhang fährt wieder auf und zeigt die frohern zwei Akte des Nachspiels. Wenigstens seh' ichs für meine Obliegenheit an, meinem Helden in die Bagatelle und das Monrepos seines Häuslichen Freudensaales mit meinem Kommentare nachzuziehen. Seit dem sechsten Gebote nahm er zu seinen Formbrettern teueres Buchsbaumholz, das schwerste europäische Holz, um sein eignes Gewicht zu melden - und überhaupt ist der ganze Bilderkatechismus eine verkleinerte Kopie seines Lebens - wie etwan der Franziskaner Thomas Murner die Logik in 51 Holzschnitten beibrachte, die chartiludium logicae hieß - und da dieser Weg viel weicher und schöner ist als der andere, den der Jesuit Menestrina ging, welcher des aufgeblasenen Ludwigs XIV. Leben bloß aus Münzen beschrieb - und manches fürstliche und dieses Ludwigische ist leichter aus den ausgegebenen, aus den valvierten und aus den falschen zu extrahieren als aus denen, die aufs Leben geschlagen wurden -: so hielt' ichs für Diebstahl, die zwei schönsten Ausschnitte aus Krönleins Leben der Nachwelt wegzuschneiden. Wozu diente sonst auf dem weimarschen Blatte der *Flachmeißel* und der kleine Bischof?

Beide würden nie erklärt, wenn ich nicht fortführe....

72 dess. griech. Archäologie, von Rambach übersetzt. I. B. p. 469.

XI.
Erster Freudenstock

Erklärung desselben – Brief eines Mannes von Welt

Hier steht der Bettmeister in seinem schönsten Tempel des Ruhms und in seiner Westmünsterabtei: er lässet taufen. Das Männchen rechter Hand, das mit aufgemachten Zirkel-Füßen und aufgezognem Flügel-Mantel hervorhorcht, ist der Kindes-Vater Krönlein. Man erkennt ihn hier schwer unter dieser Kopf-Wildschur und diesem Glatzen-Shawl, unter der Gala-Perücke. Er steht hinter seinem Gevatter, einem fetten und vornehmen Mann. Er bat nämlich Serenissimum selber, der Taufzeuge des Söhnleins zu sein – damals tat man das öfter als jetzt, wo man fast nach dem Gesetz der Talmudisten handelt, daß ein König und ein Brettspieler keine Zeugen sein können –; daher wurde vom Silluk gegenwärtiger Nutritor der Landes-Universität als Vize- und Vikariatsgevatter hergestellt. Wenige Nutritores von Universitäten werden gleich dem gegenwärtigen mit solchem Anstand unter einem solchen Grau- und Vorlegewerk der Perücke zu Gevatter stehen, in einer so niedlich zurückhängenden Mantille, mit einem solchen Winkelmaß von Pas; und nicht auf allen Nutritoren-Gesichtern schwimmen zwei solche Fett-Augen, und wenige zeigen diese aus Milch und Blut aufsteigende fette Sahne der Physiognomie und dieses mit Talg ausgesprützte Präparat von Leib, das den zugeknöpften Rock unten abbreviert.

Auf dem Baptisterium oder Tauf-Lavor finden wir über der Tauf-Bay das gebogne Minierräupchen und Essigälchen, das die *erste* Ölung bekommen muß. Der arme gekrümmte Wasserschößling wird in wenig Minuten vom Nutritor den Namen *Gerg* erhalten: ich hätte den künftigen Gerg auch eine Hyazinthe über dem Blumenglase voll Taufwasser nennen dürfen. In den frühern Zeiten war das Bad der Wiedergeburt nicht wie jetzt ein Sprützbad, sondern ein Plongierbad - und Baden und Taufen und Einsalben hörte damals nicht schon unterhalb der Glatze auf. Ein englischer Arzt gibt der Abschaffung dieses kanonischen Halsbades[73] die Zunahme der englischen Krankheit schuld; eine ähnliche Verkrüppelung und solche Doppeltglieder brechen am innern Menschen aus, wenn an ihm nichts ein Christ wird als der Kopf.

Wer der Täufer oder Jupiter pluvius ist, das kann uns nur der Flachmeißel sagen... Allein wer der Flachmeißel ist, das kann ich nur sagen: diesen Namen führt bei den Formschneidern sonst jeder Meißel, der die geraden Züge gräbt (die andern ründet der Hohlmeißel); hier aber meine ich den abgebildeten Flachmeißel, den das Krönleinsche Konterfei aus Weimar samt einem Formbrett in der Linken hat und womit er meiner Übersetzung dieses Taufstocks vorarbeitet. - Dem Meißel zufolge tauft hier der Landstand: er zieht ein ungemein flämisches Gesicht und stellt im Kopfe actionem de filiatione an und wünscht vielleicht statt dieses kleinen Badgastes den Intendant des lits et meubles selber so über dem vollen Lavor zu haben. Der Exorzist bedarf oft selber des Exorzismus; und mit Seelenärzten ists wie mit Körperärzten, die nach Hufeland schon

[73] Nämlich der Abschaffung der völligen Eintauchung bei dem Taufen.

ihres Metiers wegen nicht so gesund sein können wie ihre Patienten.

Neben dem grämischen Brunnenarzt steht ein fatales ausgeleertes Gesicht, das wahrscheinlich der Hebamme (denn hierüber schweigen alle Ausleger und selbst der Flachmeißel) zu inkorporieren ist: eine solche Brautführerin ins Leben ist noch öfter die Reichserbtürhüterin, die dem matten Zwerg die Pforte vor der Nase zuschlägt. Die Erztürhüterin macht einen Muff aus dem Taufkissen, in das nachher der kleine Senkreiser wieder eingeschlagen wird. Ich habe dieses Klatsch-Rosenmädchen vermutlich schon auf der 3ten Platte neben der Kanzel gesehen: ich bringe mich immer mehr gegen sie auf, je länger ich sie beschaue und beschreibe. Sie wird nicht einmal durch den Abstich mit dem schattigen Kammermohren hinter ihr verschönert, den ich wenig kenne. Ist der Mohr der Lautenist? Ist es der Teufel, der, aus dem Schneckengehäus des Täuflings, aus diesem Karten- und Sakramenthäuschen, ausgejagt, auf ein geräumigeres Arbeitszimmer, das noch keiner bezogen, in den Herzen dieser Kirchengemeinde wartet? Wenn es der Teufel nicht ist, soll es etwan eine zänkische Schwiegermutter sein? – Alle Ausleger und Flachmeißel und Formbretter schweigen darüber gänzlich.

Was über dem andern Schwarzen hängt, ist eine weiße Taube, die dasmal nicht unter, sondern über dem Geier schwebt. Fliegt sie tiefer auf die Zisterne, so wächset sie zum Taufengel aus. Wie in den mittlern Zeiten alle Edeldamen mit Sperbern auf der Hand gemalet wurden, ob sie gleich nicht auf die Vogelbeize ritten – jetzt stoßen umgekehrt die Raubvögel die Jägerinnen –, so breitet an jeder Kanzeldecke eine Taube die Flügel über die Bischöfe aus, ob sie gleich diese weder anbrüten noch inspirieren kann.

Weiter hab' ich nichts zu erklären: der Rest ist die Kirche. – –

Sobald ich im Katechismus unter Krönleins Ahnenbildern, deren räsonierenden Katalog ich in die Hände Deutschlands gebe, auf dieses eilfte kam, so sagt' ich: »Das ist der erste Freudenstock, oder es gibt keinen mehr. Wenn jetzt, da ein kleiner Gerg in der Wiege liegt, die Bettmeisterin nicht ihr Bestes tut und dem armen Narren es kommoder macht....« Ich brauchte den Perioden gar nicht zu vollenden: denn ein Kind veredelt (in den mittlern Ständen) das schlimmste Weib und stellet sich als Sperrkreuz und spanischer

Reiter mitten auf ihre Irrwege und in ihre Maulwurfsgänge. So ists auch eine gemeine Bemerkung, daß die Zwiebel der Kaiserkrone ihren Gift ablegt, sobald sie nur ein einzigesmal getrieben hat. Die Mutterliebe durchgreift mit tausend Wurzelzweigen das ganze weibliche Herz, sie zieht alles Blut, sogar das verdorbene, in sich an und überwächset und verdrängt jede Nebenpflanze und blüht endlich ganz allein auf dem umflochtenen Boden. Die weibliche Brust, in der so viel Haß gegen so viele Mütter ist, wird doch liebend vom Anblicke der Kinder dieser Mütter bewegt, und je jünger, d. h. hilfloser, die kleinen Gestalten sind, desto lieber möchte jede sie an den Busen drücken, und desto leichter geht die Verwechslung mit nähern vonstatten. Ich seh' oft mit Vergnügen, daß keine Magd vor einer Kinderwärterin vorbeiläuft, ohne die kleinsten, aber schönsten Lippen (ich habe noch kein Kind mit ungestalten gesehen) mit einem kursorischen Flug-Kuß zu beschenken und zu schrecken. Nur Weiber, die männlicher denken, erhalten sich kalt gegen fremde Kinder.

Ich bekenn' es, bloß mein Vertrauen auf Reginens Mutterherz schloß mir unter der Taufhandlung, die sehr viel Bitterwasser dem Taufwasser zugoß, wieder eine und die andere heitere unbedeckte Allee in Krönleins Leben auf, und ich schwur, Regina entsündige sich künftig: sonst hätte mich der blinde Kindes-Vater zu sehr gedauert, besonders ein solcher! Ich meine, ein Krönlein, der, ob er gleich am Hofe lebt und eine wirkliche, keine Titular-Bettmeisterei versieht, doch rein und einfach verbleibt, dort weder schwillt noch kriecht, und den ganze Gassen von Lustschlössern nicht blenden und locken und krümmen, einen Bettmeister, der unter Witzigen geduldig und vernünftig bleibt, unter Pikanten unbewehrt, so wie über dem *salzigen* Meer nur *süße* Tau- und Regentropfen aufsteigen. Doch ist das wahr, daß einen Künstler unter allen Menschen am wenigsten seine Lagen beflecken, weil er die Lagen weniger braucht und weniger fühlt. –

Ein Weltmann, der mich eben in Voigtland besuchte (sein Hof errät ihn leicht) und dem ich beim Abschied in sein reiches Bilderkabinett gegenwärtigen Krönleinschen orbis pictus schenkte (ich schnitt bloß von den 10 Katechismus-Platten die 10 Gebote herab, die für einen Mann von Stande nicht passen), dieser feine Kenner der Werke der Kunst und des Teufels schrieb mir nach dem Abdruck der ersten Bogen dieses Werkleins zurück:

»Auf 10 Briefe sind Sie die Gegenbriefe schuldig. Die 11te Platte ist gut. Komposition, Ausdruck, Beiwerk, alles verdient Lob. Aber der Künstler ist (unter uns) ein Schaf wie Lafontaine oder wie unser jetziger Deckenmaler. Die gute Silberdienerin führt, wie man merkt, in ihrem Wappen so viele Herzen wie Hildesheim in dem seinigen, nämlich *drei* (das ihres Mannes kann nicht gerechnet werden): ich weiß nicht, wohin ihr Mann denkt! Es gibt Leute in der Welt, die dem berühmten Porträtmaler *Kneller* in London gleichen, der bloß die *Physiognomie* seiner artistischen Gebilde selber machte, der aber von dem ersten besten Unter-Maler die Perücke, von einem andern den Rock, von einem dritten die Knöpfe, von einem vierten die Spitzenmanschetten zu seinem Kinde malen ließ. Es gibt *noch* solche Kneller, die es andern anheimstellen, das zu kleiden, was sie bilden. Ihr lieber Bettmeister, - - aber aufrichtig, ich meine eigentlich viel nähere und vornehmere Leute um mich, die (wiewohl ohne das Vergeltungsrecht zu verschlafen) für ihre Familie nie etwas Nähers waren als grands maitres de garderobe, die ihre Familie, wie der Weltgeist nach guten Philosophen die Welt, nur *ordneten* und *erhielten,* nicht *schufen.* So sah ich sehr oft, daß Ambassadeurs, die etwas auf sich hielten, nicht weit von dem Hofe, wohin ihr Kreditiv lautete, sich mit allen den *Leuten* versorgten, zu denen sie schon die nötigen *Livreen* und *Garderoben* mitgenommen hatten, um glänzender einzuziehen. Der Unterschied ist kleiner, als man ihn macht: schon Boileau stellt den, der ein Gedicht *vorzutragen* weiß, sogleich neben den, der es *machte* etc.«

Der Himmel behüte und bewahre! Ich weiß nicht, wozu ich diesen Brand- und Steckbrief hereinsetze. - Ich kann nicht genug eilen zum zweiten Freudenstock, ob er gleich das Werklein beschließet....

XII.
Zweiter und letzter Freudenstock

Die chymische Verwandtschaft des Traums, des Geburtstages, des Sterbetages und des Finis

Nichts schlägt mir elender zu und lässet mich matter zurück als ein Diskurs mit Leuten, die außerordentlich berühmt und gescheut sind, und ein halbstündiges Kolloquium mit Voltaire, mit Friedrich II., mit Lessing tränkte mir mein Magen gewöhnlich mit Säuere ein und mein Kopf mit Kongestionen. Besonders ist mirs zuwider, wenn ich den berühmten Mann schon wirklich gehöret habe, der mich in meinem Bette besucht (denn ich rede von meinem bureau d'esprit in Träumen). Ich darf sagen, daß ich voriges Jahr täglich mehr Bitterklee (diese beste Präservationskur gegen künftige Migräne) kochen und trinken mußte und am Morgen gar nicht aus den Federn wollte, bloß weil Herr H. jede Nacht zu mir kam, als wäre mein Kopfkissen ein Besuchzimmer: denn ich mußte mich im Schlafe, wo die Natur ruhen will, nicht bloß entsetzlich anspannen, um mich im Diskurse zu zeigen, sondern ich mußte auch Herrn H. jedes Wort eingeben, das er zu mir sagte. Und das ist (zumal im Bette) schwere Arbeit. Glücklicherweise kömmt ihm das niemals zu Ohren, was er zu mir sagt und was ich ihm einblase; aber lieber sprech' ich mit ihm *millionenmal* auf seiner Stube als *einmal* in meinem Kopf, weil ich dort nur zu sagen brauche, was ich weiß, hier aber das übrige.

Dabei hingegen kann man bestehen, wenn einem der Revisor erscheint: in der vorigen Nacht kam er vor mein Bette und schlich mit andern Träumen in mein Gehirn. Es kam mir nämlich vor, der Bettmeister hänge wie ein Eidotter in einer Phiole voll Weingeist (er hatte etwan die Länge eines Fötus) und fange im Spiritus an, mich anzureden. Es ist hier leicht zu bemerken, wie sehr meine Phantasie, die den ganzen Tag den Revisor nur auf den Holzschnitten in dem nonagesimo-sexto-Format eines winzigen Männleins besieht, das mehr in die Juwelier- als Heuwaage gesetzt werden kann, auf meinen Traum einfloß und gleich Pedrillo ihm die Größe seines Miniaturbildes lieh. Das Bettmeisterlein sagte, es könne nicht ruhig in seinem Spiritus hängen, ohne mir gedankt zu haben, daß ich den zugemauerten Namen an seiner Ehrensäule wieder aufgekratzt, vorgescharrt und ausgeputzt und seine schiefhängende Statur wieder steilrecht gesetzt – daß ich in den Schleier Minervens (er spielte auf meine Schriften an) nach athenischer Sitte seinen Namen eingewoben. Ich sah, daß der Fötus belesen war; und wollt' es gleichfalls scheinen: »Lieber Intendant des lits er meubles,« sagt' ich, »Ihre Werke blieben ewig wie der kleine Katechismus; aber die Bilder Ihrer eroberten Provinzen zogen, wie bei einem römischen Triumph, in die Nachwelt voran, und der Triumphator schloß, wie in Rom, den Zug und erschien erst anno 1797. Erst nach Abspielung des ganzen Stücks ruft das Parterre der Welt: Autor vor!« – Er ließ sich weiter heraus über die Absicht, weswegen er mir im Weingeist erschienen sei, nämlich bloß um mich zu benachrichtigen, daß ich vielleicht aus einem geheimen Zuge seinen von Schmutz und Kirchenstühlen überbauten Leichenstein hervorgezogen und im Pantheon des Nachruhms aufgestellt, weil er mein Verwandter, und zwar mein Urur etc. großvater von mütterlicher Seite wäre, und aus den Wittenberger Kirchenbüchern könnt' ich mir den Stammbaum extrahieren lassen. – Ich wollte den Spiritus-Schwimmer unterbrechen; aber der Wassermann fuhr fort: »er versehe sich besonders von seinem Urur etc. enkel, daß solcher die 12te Holzplatte mit besonderem Feuer vertiere und illuminiere, denn diese hab' er stets am meisten geliebt, am längsten befeilt: und das bloß darum, weil die Platte die Feier seines 34sten Geburtstages, der in den Frühlingsanfang traf, mit der Pantomime des Buchsbaums darstelle. Ja im Turmknopf der Höfer Michaelis-Kirche sei ein scharfer, nie gebrauchter Stempel dieser Platte statt einer alten Münze niedergelegt und aufgebahrt, aus dem ein Urur etc. enkel tausend Sachen schöpfen könnte, die der Welt zu geben wären.« – Aber hier zerfloß mein Urur etc. großvater phosphoreszierend in seinem Weingeist – als wenn er lebte – und entzündete den rektifizierten Spiritus mit seinem sublimierten, und die ganze Flasche brannte lichterloh....

Ich erwachte, und bloß meine Nacht-Sparlampe flackerte ungewöhnlich vor mir.

Wie entsiegelt die Philosophie diesen plombierten Traum, diese hermetisch verpetschierte Phiole? – Manches ist natürlich und erklärlich darin: da ich gerade heute meinen eignen Geburtstag begehe, so konnte die Phantasie des Traums, die gern *rochiert* und versetzt, leicht meinen Urur etc. großvater an die Stelle seines Urur etc. enkels verpflanzen. Ferner, da der Ururenkel glaubt, es gebe kein besseres Denkmal eines frohen Prima-Tages als eine Arbeit, die man daran tut – welches zugleich für eine schönere Danksagung an den väterlichen Wächter unsers zerbrechlichen Daseins gelten kann als bloße, bald erkältende Rührungen –; und da ich deswegen gerade heute das 12te und helleste Stockwerk in Krönleins Leben (die 12te Platte) ausbauen und möblieren wollte: so kann der Psycholog auch darin nichts Übernatürliches verspüren, daß mir gerade für den heutigen Initial-Tag der im Weingeist konservierte Urgroßvater anbefohlen, sein zwölftes Lebens-Stockwerk zu tapezieren.

Aber schwerer sind dem Psychologen die übrigen Auftritte des Traums ungezwungen aus der Ideen-Epigenesis und Kristallisation zu erklären: ich bekenne mein Unvermögen. Es kann sein, daß ich irgendwo und irgendwann in frühesten Jahren etwas von einem Krönleinschen Stempel im hiesigen Turmknopfe und von meinem Ururgroßvater im Wittenberger Kirchenbuche aufgefangen und behalten habe: in jedem Falle, der Traum sei nun aus kindlicher Tradition oder aus unerklärlicher Inspiration erwachsen, ist er glaubhaft und schwer zu verwerfen. Ich für meine Person sage dem ganzen 18ten Lesejahrhundert, das mich geborgt oder gekauft, frei voraus, daß ich, wenn ich das zweitemal Wittenberg beziehe, weder in seiner Löffelkirche noch in der Kehle ihres Taufengels, sondern bloß in den Kirchenbüchern graben und grübeln werde, um hinter meine Aszendenten mütterlicher Seite zu kommen. Ebenso würd' ich, wär's von der Inspektion der Höfer geistlichen Gebäude herauszubringen, daß man meines Traumes wegen den Wilsonschen Knopf und Kropf des Michaelis-Turms abnähme und aufmachte, um die Öffnung nachsuchen; es ist aber nicht zu erhalten. –

Dem sei, wie ihm ist: ich übermale den Geburtstag meines guten Ururgroßvaters, der heute mit mir, wiewohl in einem andern Jahrhundert, das 35ste Jahr antrat, nach Maßgabe des 12ten Holzschnittes mit den besten Goldfarben und feiere sein Leben nach.... Es ist eines Ururenkels Pflicht der letzten Ehre. Das kann überhaupt kein guter Mensch sein, der nicht gern mit kindlicher Liebe und Freude der Archivsekretär und Altertumsforscher seiner Ahnen und ihrer Antiquitäten wird. Und wüßt' ich nur die Häuser anzutreffen, worin meine Aszendenten bis zu den von Tacitus beschriebenen hinauf sich gefreuet und betrübet haben, ich wallfahrtete zu ihnen allen wie zu Gnadenkirchen, zu casa santas und Mirakulatorien zu Zürch; ja ich würde darin unter den sanften Wallungen der Liebe meine kalten Ahnen-Schatten zum Repetierwerk und Nachspiel ihres ausgespielten Lebens nötigen und ihnen mit dem wehmütigen Wunsche zusehen: »Möget ihr nicht viel beim ersten Spiele gelitten haben, und mög' euch die Hoffnung eines liebenden Urenkels zuweilen begegnet sein!« – –

Aber weiter! Wer *Danz'* Grundsätze der Reichsgerichtsprozesse, oder noch besser, wer Wetzlar selber durchgegangen, dem ist bekannt genug, daß die *evangelischen* Kammergerichtsassessoren, Pronotarien, Fiskalnotarien, Ingrossisten und Kopisten und die reitenden Boten und die zu Fuß samt dem 1 evangelischen Medikus und dem 1 Pedell alle Feiertage reichsgesetzlich mitfeiern (d. h. zu Ferien machen), welche die *katholischen* Kammergerichtsassessoren, Pronotarien, Fiskalnotarien etc. samt dem katholischen Medikus und dem Pedell begehen; und diese erwidern die evangelischen Ferien. Sogar den darauf folgenden Tag feiern beide Religionsparteien einmütig unter dem Namen Postfest. Das Reich will dadurch die Parität der Religionen bewachen. Die größte Parität und Toleranz aller Religionen aber bleibt Höfen: keine Feiertage europäischer Religionen fallen ein, die man da nicht begeht, erstlich mit dem Kammergerichte die reichsgesetzlichen samt den Postfesten, mit den Christen den Sonntag, mit den Juden den Schabbes, mit den Türken den Freitag. Nimmt man noch dazu, daß jeder heilige Tag seinen Vigilien- und Rüsttag vorher und sein Postfest und Sabbatchen[74] nachher fodert: so langt gerade (wenn man mit den Stunden haushält) eine Woche zum Feiern zu, und der Latitudinarier hat in der andern zu den neuen sieben unbeweglichen Festen wieder Zeit. Ein solches ausgebreitetes Religionsexerzitium ist überdies recht für diejenigen Posten im Staate gemacht, die nicht nur in der *Höhe*, sondern auch darin den Alpen gleichen, daß auf ihnen die kleinsten Bewegungen ungemein ermüden. –

Aber weiter! Erst die Bettmeisterin wurde die Ruhestatt unsers Artisten – sein Salzrevisorat war eine Salzlecke für ihn – und hier sehen wir ihn erst nach vielen Umwegen, Kurven, Krümmungen und *Krumm*stäben im Sitze der Seligen angelangt: das Schicksal führet nach der britischen Gartenregel uns auf *krummen* Alleen und Steigen in das Landhaus der Freude. –

Auf dem weimarschen Blatt hält der Intendant an der Rechten sein Söhnlein, das durch seine Adern und Bestandteile aus Lettern mir über die dunkelsten Stellen dieser Platte die Fackel vorträgt. Schon der Gedanke des Künstlers ist reizend, seinem Kommentator zum Wegweiser und Cicerone in seinem Miniatur-Himmel ein Kind mitzugeben. Diese verkleinerten lieben anfangenden Menschen schlüpfen mit ihren *sichtbaren* Knospen und *weichen* Dornen so sanft in unser Herz und halten sich darin mit ihren kleinen Händen fest,

---

[74] Die Juden feierten zum Sabbat ein Sabbatchen als Verlängerung dazu. Die Juden zu Tiberias fingen ihn früher an, weil das Tal die Sonne verspätete; die auf dem Berge setzten ihn länger fort, weil die Sonne länger blieb. Goodwin. Moses et Aaron. L. III. c. 3.

daß ich die Diminutiv-Schuhe und Zwerg-Strümpfe dieser Inzipienten des Lebens nicht ohne eine liebende warme Rührung sehen kann. Berichte also nur, kleiner Gerg, was dein Vater hier auf dem zweiten Freudenstock teils vornimmt, teils darstellt! – Wo ein Kind ist, da schonen die Menschen gern die Eltern. Das sagt die Natur allen Völkern: der malabarische Straßenräuber fället keinen Reisenden an, den ein vornehmes Kind eskortiert. und die alten Molossier schlugen dem, der mit einem Kinde im Arm sich flehend niederwarf, keine Bitte ab; und noch spricht in Italien die Verarmte unter dem Schleier schöner um eine Gabe an, indem sie ein Kind vorhält.

Der kleine Gerg, dessen Deszendent ich bin – er ist mein Urgroßvater –, tut kund, daß mein Ururgroßvater hier vor Tisch bete und daß er selber der kleine am Tisch stehende Junge sei (die Eltern sitzen schon), dessen Enkel ich, wie gesagt, nach dem Taufscheine des Traumes, bin. Schon in meiner Kindheit, da ich noch die Legende oder Randschrift dieser Platte auswendig lernen mußte, ging meine Phantasie vergnügt in dieser gezeichneten Stube auf und ab und stieß ihr Fenster auf, dessen Flügelscheiben wie in Jena auswärts laufen. Und diese kosmopolitische Phantasie, die alle Menschen in meine Gevatter, Gebrüder, Geschwister, Zech- und Schmaus-Schwestern und Brüder, Konviktoristen und Litis-Konsorten verwandelt, geht noch bis auf diesen Geburtstag mit mir durch die Gassen und Dörfer. Ich wollt' auch lieber sterben, als mich mit dem dünnen engen, keinen Grad langen Bogensegment von geliebten Menschen behelfen und beruhigen, das uns Schicksal und Wert aus dem unermeßlichen Zirkel der Gebrüder Menschen ausschneiden. Oder darf ein Menschenherz so enge sein, daß nichts darin aufzustellen ist als ein Ehebette und eine Wiege samt einem alten Großvater-Stuhl? Und die Arme des innern Menschen sollten nicht mehrere Wesen umschließen als die Arme des äußern? Und es sollte keine Möglichkeit vorhanden sein, die Komitee oder den Ausschuß von 20 oder 30 Menschen, worauf unser Verhältnis bei dem Reichtum von 1000 Millionen Seelen unsern liebenden Anteil einengt, wenigstens ansehnlich zu verstärken? – – Das find' ich nicht: kann man denn nicht (es ist doch etwas) sich auf der Gasse zum Spill- und Schwertmagen und Vetter eines jeden, dem man begegnet, ernennen und jedem mit der Phantasie zwischen seine 4 Pfähle, auf seine 4 Stuhlbeine und in seine 4 Bettpfosten nachfolgen? Kann man nicht mit den Blau- oder Grünröcken, die mit Kommißbrot unter dem Arm vom Proviantbäcker herkommen, und mit dem Tuchmacher, der an einem so einträglichen Markttag sich schon um 3 Uhr seinen Karpfen im Fisch-Hamen abholt, und mit dem vornehmen Schlafrocke, der sein Gartenbeet unter Aussichten eines erfrischenden Salats übersprengt, ungeladen und fröhlich essen im Kopfe und sympathisieren? – Geh' ich wohl vor einem geputzten Lehrjungen, der heute Hoffnung zur Gradual- und Promotions-Ohrfeige hat und der mir morgen als vollendeter klassischer Lehrpursche begegnen wird, jemals vorbei, ohne mich mit ihm (phantasierend) zu seinem wohllebenden Abendgelag und Lustcorpo einzufinden? Ich freue mich mit den Kindern, die aus der Schule herausbrausen, auf die erste Erholungsstunde nach einer so langen Sitzung; – mit dem gravitätischen Kindesvater auf den lärmenden Abend voll apokryphischer Taufwasser – mit der Magd auf das aus der Kirche zurückmüssende Taufgefolge zur genauern Kirchenvisitation eines jeden Lappen; – mit dem Schulmeister, der ein entsetzliches Dividierexempel anschreibt, das zuletzt durch Ziffern ein Haus, ein Schiff oder einen Esel geben soll, freu' ich mich auf die Entwickelung des Letztern; – mit der Fratschler- und Pfeffernuß-Frau, deren Sparofen, tragbare Küche und *petit* souper immer ein Topf ist, tret' ich im Vorbeigehen in Handelskompagnie und bringe (in Gedanken) als ihr Associé und Maskopist schon einiges vor mir, wenn unsere Handlung nur 1 Pfennig reinen Profit von dem zurücklegt, was ich der Frau abkaufe – Und so laufen mir auf jeder Gasse Freudenströme und Paradiesflüsse entgegen – Lustwälder und Glückstöpfe tanzen vor mir hin – und die Stadt Hof ist mein himmlisches Jerusalem und die Menschheit meine Duz- und Amtsbrüderschaft.

Nur hüte sich ein solcher Seliger, die Augen oder Phantasien einem aufstoßenden Exekutions-Pedelle in die Arbeitsstuben der Armut, oder einem Arzte in die Marterkammern der Krankheit nachzuschicken....

Aber weiter! Hier wird, wie gesagt, der zweite Freudenstock dem Leser aufgetischt, und auf dem Stock ist es gleichfalls aufgetischt. Es soll alles, nach Anleitung meines Wurfbleies und meiner Leuchtkugel – nämlich des kleinen Lettern-Gergs –, besehen und beschrieben werden. Der Eßtisch ist ein zweischläfriger sogenannter Bettisch: das beweiset nicht nur die untere Tisch-Gardine, sondern auch der herrliche Faltenwurf und das Segelwerk des Bettfirmaments oder Palankins, womit der Gevatter Serenissimus meinem Ururgroßvater ein kleines Angebinde und zugleich ein Angedenken an seine Bettmeisterei – und vielleicht an den Kasus im 10ten Gebot – hat geben wollen. So sagt Gerg. Hinter Gergen selber steht auf der Platte seine Spielkameradin, eine demütige niedergequetschte Lazarussin, die der wohltätige Künstler an einem so frohen Tage in die Tischnachbarschaft seines Sohnes gezogen. Ihr Hunger ist größer als ihre Andacht, und die Bewegungen ihres Herzens sind nicht so feurig als die peristaltischen ihres Magens. Gerg, der in reifern Jahren mein

Urgroßvater wurde, hebt die betenden Hände zu hoch hinaus, weder aus Andacht noch Ziererei, sondern weil er einmal, wie es Kinder machen, ein Bischof in partibus werden will und deswegen jeden Sonntag diesen *Bett*-Tisch besteigt und da herab ermahnt. Daher wurd' er im ganzen Krönleinschen Hause nur der *kleine Bischof* genannt.

Nun schaue das Publikum meine Ururgroßmutter an, die Ex-Silberdienerin. O Regine, wärest du immer die Königin deiner Neigungen und treu und gut geblieben, so hättest du nicht nötig, meinen Ururgroßvater mit solchen abbittenden Blicken, mit diesem mehr ihm als dem Himmel zugewandten Haupte anzusehen! Welche Flamme der Geburtstags-Wünsche! »Lieber Himmel! er halte mir meinen alten ehrlichen Bettmeister noch auf lange lange Jahre; raffe lieber mich weg als den Lorenz!« das betet sie vor der Suppenschüssel. – Besser, tausendmal besser als auf den vorigen Stöcken, das ist sie gewißlich auf diesem. Erstlich ist nur – *ein* Kind da. Zweitens ist mein kleiner Urgroßvater und das Tischbette so sauber angeputzt, der Vorhang so rein abgestaubt und niedlich aufgebunden und das ganze Zimmer und Gedeck in solcher Ordnung, daß die gleiche des Herzens dadurch so gut wie bewiesen ist: in den Herz- und in den Stubenkammern räumen die Weiber miteinander auf. Drittens sieht mein Ururgroßvater ungemein fröhlich, und die Großmutter wie eine bereuende Magdalene aus: sie hat ihn – so leicht ihrs gewesen wäre – nicht einmal beredet, außer der pauvre honteuse und Pfründnerin einen Gast oder Gastfreund ihres Herzens zum Schmause zu laden, oder nur einen lustigen Menschen und Schmarotzer, der dem andern so lange redlich anhängt und dient, bis er sich angefüllt, wie Schröpfköpfe von selber abfallen, wenn sie Blut genug gezogen. So wie meine Ururgroßmutter ihren Mann hier ansieht, tritt sie immer höher über jene Weiber hinauf, für welche die *Hochzeitglocke* gerade das Widerspiel des katholischen *Wandelglöckchen* ist und denen jene Glocke die Verwandlung des *Gottes* in einen *Brotherrn* ansagt, indes diese die Transsubstantiation des *Brotes* in einen Herrgott verkündiget.

Ich bin darauf gefasset, daß die Rezensenten – und vorzüglich die Rezensentinnen – mir öffentlich vorwerfen: ich würde in der 12ten Platte Reginen ganz anders zensieren, wäre sie nicht meine Ururgroßmutter. Aber ich versetze: umgekehrt.

Auf dem Bettisch treffen wir zwei Couverts für das Kinderpaar, aber nur *eines* an für das Ehepaar. Wie hold! Schon Linné erzählt in seinem schwedischen Reisejournal[75] , daß man sonst in der Provinz Schonen einen Teller, so lang als die eine Tafelseite, ausgehobelt und daß man aus ihm - es konnte sich kein sonderlicher Unterschied zwischen dem prolongierten Teller und einem Troge ergeben - zu schmausen pflegte. Noch bekannter ist und noch schöner dazu, daß in der schönen erotischen Zeit der französischen Ritterschaft allzeit Geliebte und Ritter aus *einem* Teller aßen. - Und auf dem 2ten Freudenstock haben wir den neuesten Fall: meiner Ururgroßmutter fehlt der Teller. Vom Speisopfer selber ist nichts herauszubringen als die Suppenschüssel und ein Vorleglöffel, der für mich eine Suppenschüssel wäre, und eine Semmel in Gestalt einer Brille oder 8.

Jetzt sehe man aber meinem kraushaarigen Intendant des lits et meubles noch einmal ins offne beglückte Gesicht und behalte, wenn das Buch aus ist, die aufrichtige Gestalt im Kopf, die wie ein Wiener Bankozettel außen nichts hat als was innen steht. Er verrichtet hier mit der Mütze über der rechten Hand sein Dankgebet ganz aufgeräumt; er setzt immer voraus, er hab' es nächstens noch besser, und wenn nichts daraus wird, hofft er gerade noch einmal so viel. Er hält das Leben und die Gesellschaft nicht für ein Whistspiel, bei dem eines verkehrten Blattes wegen neu gegeben werden muß, sondern für ein Piquetspiel, worin man das verkehrte Blatt ruhig nimmt und bestens ausspielt. Ihm ist Einsamkeit und Gesellschaft recht, ja nicht einmal unter der Menge ist er einsam, worin man sonst am wenigsten Gesellschaft hat, wie man auf dem *Meere* am leichtesten *verdurstet.*

Was wird mein guter Ururgroßvater nach dem Essen an einem solchen Tage gemacht haben? Wahrscheinlich diesen zweiten Freudenstock. Dann wird er, vermut' ich, mit meinem Urgroßvater nicht lange vor dem Abendessen ein wenig ins freie grüne Feld gegangen sein, um sich den zweiten oder dritten Appetit zu machen und überhaupt um den Zucker eines solchen frohen süßen Tages immer

---

[75] Linnäus' Versuch einer Natur-, Kunst- und Ökonomiehistorie, aus Reisen durch einige schwed. Provinz. gesammelt.

dicker einzusieden und zu raffinieren. Er[76] hat meinen Beifall, daß er auf den sogenannten Kirchberg (man sieht ihn und den Turm und einen Flügel von der Kirche recht gut aus der 12ten Platte) mit den beiden Kleinen wallfahrtet: dort auf dem Berge kann er die Sonne, die den ersten Frühlingstag vorübergeführt und verschönert hat, am schönsten und mit höhern und erhabnern Seufzern, als die tiefe Bühne verdient, hinter diese fallen sehen. Vom Kirchberge gleichsam über die gesunkne Sonne getragen, konnt' er leichter über das nachdenken, was dieses Theater und unsere Rolle und die fünf Akte eigentlich sind - was besonders der *Johannis*-Beerwein der hiesigen Freude ist, der, wie physischer, weder durch einen Weinheber noch Zapfhahn läuft, sondern aus einer engen *Federspule* rinnt und den man auf der Freiredoute des Lebens in die Körpermaske wieder mit einer Federspule auftrinkt. - - Letzteres passet auf einen Schreiber wie *ich* noch mehr, weil für ihn immer nur Federspulen (eigne und fremde) die Saugestachel und Stechheber des Palmsekts und Glühweins des Lebens sind. Du konntest auf dem Kirchberge, zumal nach Sonnenuntergang, den Diameter deiner Vergangenheit, die zum Punkte der Gegenwart einkroch, übermessen und den ganzen weiten Nebel deiner Zukunft gleichfalls in diesen Punkt, in diesen Tropfen zusammendrücken und dein Ich gleichsam für eine feste Ewigkeit ansehen, an der die Zeit zerschmilzt - - O hast du das alles getan, nämlich gedacht? Hast du erwogen, daß die irdischen Buchdruckerstöcke und Anfangsleisten und Finalstöcke unserer hiesigen Taten bald zerbröckeln, aber nicht der Geist, der sie gebraucht, und kein Gedanke, den sie reflektieren, und daß du, verstäubter *Formschneider*, für eine höhere Hand selber ein *Formbrett* bist? - hast du untergesunknes Geschöpf an diesem Tage und auf diesem Berge nicht bloß auf deinen jetzigen *Hafen* der Erden-Ruhe, dessen Sperrketten dein guter Genius zersprengte, sondern auch

---

[76] Da ich doch auch Leser haben kann - so wenig ich sie wünsche -, welche entweder den gezeichneten Inhalt des weimarschen Blattes oder gar die Existenz des Blattes für eine Lüge halten - zumal da jetzt das Blatt in der herzoglichen Bibliothek wirklich fehlt -: so merk' ich für diese an, daß der Mann, der die Holzschnitte in den lutherischen Katechismus geliefert, notwendig am Leben gewesen sein muß, er mag geheißen haben, wie er will, und daß ich also, gesetzt er war weder Intendant des lits es meubles noch mein Urgroßvater, doch immer oben im Texte kein Hirn-, sondern ein Natur-Gespinste und einen wirklichen Formschneider und Menschen anrede.

auf die Goldküste des verhüllten *Otaheite* frohe Blicke geworfen, an das uns die irdischen Orkane und Wogen antreiben? – –

Aber du bist nun auseinander, oder vielmehr das Formbrett deines Leibes ist es – die Zeit hat dich, wie mein Traum, in ihrem Spiritus-Stundenglas geschmolzen – allein hab' ich nicht jetzt selber über deinen Geburtstag meinen vergessen und der Leser seinen? Und haben wir daran gedacht, daß alle unsere Entzückungen und Hoffnungen nur erquickende Töne sind, die uns im hiesigen absterbenden Leben umfließen, wie den Menschen, wenn ihm alle Sinnen brechen, oft Harmonien umringen, die nur dieser bleiche hört, damit vor ihm zugleich die Erde und der letzte Wohllaut holdverbunden auseinanderzittern?

tredition®

Über tredition

Eigenes Buch veröffentlichen

tredition wurde 2006 in Hamburg gegründet und hat seither mehrere tausend Buchtitel veröffentlicht. Autoren veröffentlichen in wenigen leichten Schritten gedruckte Bücher, e-Books und audio-Books. tredition hat das Ziel, die beste und fairste Veröffentlichungsmöglichkeit für Autoren zu bieten.

tredition wurde mit der Erkenntnis gegründet, dass nur etwa jedes 200. bei Verlagen eingereichte Manuskript veröffentlicht wird. Dabei hat jedes Buch seinen Markt, also seine Leser. tredition sorgt dafür, dass für jedes Buch die Leserschaft auch erreicht wird.

Im einzigartigen Literatur-Netzwerk von tredition bieten zahlreiche Literatur-Partner (das sind Lektoren, Übersetzer, Hörbuchsprecher und Illustratoren) ihre Dienstleistung an, um Manuskripte zu verbessern oder die Vielfalt zu erhöhen. Autoren vereinbaren direkt mit den Literatur-Partnern die Konditionen ihrer Zusammenarbeit und partizipieren gemeinsam am Erfolg des Buches.

Das gesamte Verlagsprogramm von tredition ist bei allen stationären Buchhandlungen und Online-Buchhändlern wie z. B. Amazon erhältlich. e-Books stehen bei den führenden Online-Portalen (z. B. iBookstore von Apple oder Kindle von Amazon) zum Verkauf.

Einfach leicht ein Buch veröffentlichen: **www.tredition.de**

Eigene Buchreihe oder eigenen Verlag gründen

Seit 2009 bietet tredition sein Verlagskonzept auch als sogenanntes "White-Label" an. Das bedeutet, dass andere Unternehmen, Institutionen und Personen risikofrei und unkompliziert selbst zum Herausgeber von Büchern und Buchreihen unter eigener Marke werden können. tredition übernimmt dabei das komplette Herstellungs- und Distributionsrisiko.

Zahlreiche Zeitschriften-, Zeitungs- und Buchverlage, Universitäten, Forschungseinrichtungen, u.v.m. nutzen diese Dienstleistung von tredition, um unter eigener Marke ohne Risiko Bücher zu verlegen.

Alle Informationen im Internet: **www.tredition.de/Buchverlage**

tredition wurde mit mehreren Innovationspreisen ausgezeichnet, u. a. mit dem Webfuture Award und dem Innovationspreis der Buch-Digitale.

tredition ist Mitglied im Börsenverein des Deutschen Buchhandels.

Das komplette Archiv auf DVD

Die Gutenberg-DE Edition DVD enthält das komplette Archiv Gutenberg-DE als Offline-Version auf DVD. Die DVD ist im Internet erhältlich auf **http://gutenbergshop.abc.de**